LE PARNASSE LIBERTIN, OU RECUEIL DE POÉSIES LIBRES.

Nitimur in vetitum ſemper... quod licet ingratum eſt. Ovid.

A AMSTERDAM,
Chez CAZALS & FERRAND, Libraires.

M. DCC. LXIX.

AVERTISSEMENT
DE L'ÉDITEUR.

DEs Piéces qui composent ce petit Recueil, les unes voient le jour pour la premiére fois, les autres avoient déja été imprimées, mais dans des Ouvrages séparés. On a donc cru rendre service aux personnes qui aiment à s'amuser par la lecture des Poésies libres, en publiant dans un seul volume ce que nous avons de mieux en ce genre.

LE PARNASSE LIBERTIN, OU RECUEIL DE POÉSIES LIBRES.

LE MAUVAIS TURC.

Un Voyageur revenu de Turquie,
Parloit des mœurs de ce Pays,
Il racontoit que les maris
Pouvoient quitter, choisir, prendre à leur fantaisie,
Blanche, blonde, brunette, en avoir tout autant
Qu'il leur plaisoit; un de la compagnie
S'écria! quel beau réglement:
Si j'étois là, je ferois bonne vie;
Que j'en aurois! Alors le regardant
Tout de travers, sa femme Peronnelle:

A 2

Ah! Taisez-vous, vous seriez, lui dit-elle,
Un mauvais Turc assurément.

Par M. Themiseuil.

LA BELLE QUI VEUT MOURIR

LIsette à qui l'on faisoit tort,
Vint à Lucas toute éplorée,
Et lui dit · donne-moi la mort
Que tant de fois j'ai desirée.
Lui qui ne la refuse en rien,
Tire son ... vous m'entendez bien,
Puis au bas du ventre il la frappe:
Elle qui veut finir ses jours,
Lui dit: Lucas pousse toujours
De crainte que je n'en échappe.
Mais Lucas, las de la servir,
Craignant une nouvelle plainte,
Lui dit: hâtes-toi de mourir,
Car mon poignard n'a plus de pointe.

LA FILLE CHARITABLE

DU bon Guilhot le V.. se roidissoit,
Et le poignoit si fort concupiscence,
Que dans un coin se manualisoit.
La bonne Alix, curieuse s'avance:
Voyant jaillir ce sperme merveilleux,
Ah! quel malheur, lui dit la bonne Dame:

'n peu plutôt j'eusse empêché qu'aux Cieux
l'eussiez, impie, escamoté cette ame.

ÉPIGRAMME.

UN Cavalier des plus charnus,
Grimpant monture des plus larges,
'efforçoit de gagner les marges
De l'in-folio dé Venus.
Mais comme en vain il se tracasse,
Et qu'il ne peut trouver les bords,
Madame, dites-moi de grace,
Dit-il, égaré dans l'espace,
Si je suis dedans ou dehors.

AUTRE.
LE CHANOINE ET LA SERVANTE.

UN gros Chanoine embarrassé
De voir que sa servante porte
Certain embonpoint mal placé,
Sourdement la met à la porte.
Bientôt une autre vient s'offrir,
Jeune encore & de bonne mine.
Voilà notre homme à discourir;
Sçavez-vous faire la Cuisine?
Fort peu. Blanchir? Non. Bûvez-vous?
Il n'y paroît pas. Lire? Écrire?
Point. Gages? Cent écus. Tout doux!

Oh ! par ma foi, je vous admire :
Vous ne sçavez rien, & d'abord
Cent écus ! Quoi, la plus habile
N'en demande que vingt. D'accord,
Monsieur, oui, mais je suis stérile.

Par l'Abbé Chaulieu.

AUTRE.

BRûlé du feu de la concupiscence,
Pere Corbaise alla voir son Gardien.
Jeûnez, mon fils, lui dit sa Révérence.
Corbaise jeûne, & jeûne n'y fit rien.
Lors de nouveau, Corbaise y fut. Eh bien,
Joignez au jeûne & discipline & haire,
Dit le vieillard. Mais las ! le pauvre Pere
Sentit sa chair encor plus regimber.
Vertu du froc ! succombez-y donc, frere,
Tant que d'un an n'y puissiez retomber.

AUTRE.
LE FAUX CARME.

MAsqué du froc d'un enfant d'Élisée,
Damon pressoit sœur Alix, & d'abord
Par cet habit la Belle humanisée,
Avec Damon fut aisément d'accord.
Lui pour l'honneur du froc, fit maint effort,
Mais six exploits mirent bas le Gendarme.

Quoi! dit Alix, cet homme-ci s'endort
Après six coups! Ah, chien! tu n'es pas Carme.

AUTRE.

UN gros Chartreux, Moine Napolitain,
Fut pris fondant son Prieur Dom Jerôme.
Il fut conduit au Métropolitain,
Ça votre nom, dit l'Évêque. Dom Côme.
Votre péché, quel est-il? De Sodome.
Votre âge? Il est de quarante-cinq ans.
Moine de quand? Dès mon plus jeune tems.
Dans le Couvent qu'êtes-vous? Économe.
Bon, dit alors l'Évêque entre ses dents,
Bien payerez un pareil majordome.

L'ÉCOLIER INGENU.

LE Médecin d'un Écolier malade,
Recommanda qu'on gardât de son eau,
On en serra; mais la Garde maussade
L'ayant fait choir, à son propre tonneau,
Vite en retire & remplit le vaisseau.
Le Docteur vient, & dit ce sont eaux claires
De femme grosse, on ne m'y trompe gueres.
La Garde rit, le Docteur se défend.
Lors l'Écolier, je l'ai bien dit aux Peres,
Qu'ils me feroient tôt ou tard un enfant.

JOUISSANCE.

ROLAND allant faire voyage,
Laissa son Épouse à Paris.
Elle usant du droit de veuvage,
Pour un retrouva dix maris.
A son retour, en homme sage,
Roland loin de faire tapage,
Comme tant d'Époux convaincus
Par leur faute, de cocuage,
Dit, l'exploitant d'un grand courage:
Ah! que je fais là de Cocus.

AUTRE.

DU mal d'amour la *Goscate* pressée,
En diligence appella son Curé.
L'homme de bien quand il l'eut confessée,
Lui dit: le Ciel vous est tout assuré,
Vous jouirez de ce port desiré,
Du vrai bonbeur que le Seigneur octroye
A ses Élus; pourvu qu'à cette joye
Sacrifiez la chair & son plaisir,
C'est le chemin que vous avez à suivre;
Qu'en cet état il est doux de mourir!
Oui; mais, Monsieur, qu'il est rude d'y vivre!

VERS.

DAignez m'ouvrir le vaſe de nature,
Diſoit à Liſe, un des peres cornus.
A vous dit-elle, à vous Philotanus?
C'eſt ſe mocquer, on connoît votre allure,
Onc ce ſentier par vous ne fut battu.
Pardonnez-moi, reprit le bon Apôtre,
J'ai quelquefois, tout comme un autre,
Des intervalles de vertu.

ÉPIGRAMME.

EN plein Sénat, la Sœur Sainte Marie
Réprimandoit la Sœur du Saint Eſprit,
Et tout-à-coup ſe mettant en furie,
A l'Aſſemblée hautement elle dit:
De ſes dix doigts, depuis qu'elle eſt Novice,
Elle n'a fait œuvre aucune. Saint Jean,
Interrompit la ſœur, qu'elle injuſtice!
Si vos dix doigts en avoient fait autant,
Ja vous n'auriez, comme avez la jauniſſe.

VERS.

ON nous rebat que la concupiſcence
N'eût pas eu part à nos accouplemens,
Si reſpectant la divine défenſe,
Le premier homme eût été moins gourmand,

Mais que chacun dans l'état d'innocence
Eût engendré ſans charnel mouvement.
S'il eſt ainſi, la faute originelle
N'a pas fait tort à la race mortelle,
Il nous revient même un grand bien par-là.
Et quand je penſe au plaiſir qu'on y gagne,
Je loue Adam, je bénis ſa Compagne,
Et je rends grace au Serpent qui parla.

CONTE.

Du Fou de même que du Sage,
Le vœu le plus commun & le moins exaucé,
Eſt en ſe mariant d'avoir un pucelage;
Mais l'Amant d'ordinaire en fait ſon apanage
Avant que le Notaire en ait au Fiancé
Paſſé le bail ſelon l'uſage.

L'Abbé furtivement,
Le Guerrier bruſquement,
Le Moine, quand il peut aux maris eſcamotte
Ce peu de choſe ou rien, qui, je ne ſçais comment,
Du genre humain fait la marote.

Il fut cependant un Robin
Qui le même deſir dans l'ame,
Forma le ſingulier deſſein
De prendre ce Phenix dans le lit de ſa femme:
Il fit ſi bien qu'il réuſſit;
Et la belle Novice à la premiere nuit

Sentit qu'au fonds de sa retraite
Cet Oiseau vivement par un autre assailli,
Cédoit la place à l'ennemi
Qui chanta huit fois sa défaite.

Le matin, à regret, pour juger un procès,
Le Magistrat monte au Palais.
Sans doute, il crut laisser la Dame satisfaite;
Mais il ignoroit le complot
D'une troupe femelle, aguerrie & jalouse,
Qu'un pucelage échût au mari pour son lot.
On vouloit dans l'esprit d'une innocente épouse,
Mettre le Robin en défaut.

Plusieurs de ses amies,
Pour cet effet vinrent la voir,
Et de plus brûlant de sçavoir
Le secret de la nuit & des saintes orgies;
Et toutes à l'instant de demander combien?
Ce *Combien* est fort énergique:
Le beau sexe l'entend sans que mieux on l'explique.
Huit fois, répond la Dame, & je compte fort bien.
Hélas! quelle est notre surprise,
Dirent-elles alors, ah ce n'est que cela?
Quoi! ce n'est que huit fois qu'il vous l'a planté-là,
Jusqu'à ce point il vous méprise....
Mais non, vous êtes belle, il est donc un vaurien:
Huit fois? Quelle misere!.. il vaudroit autant rien.
Ah! quel mari, quel pauvre Sire;

Pour votre honneur & pour le sien
Gardez-vous jamais d'en rien dire.

Que votre Époux, dit l'une, est du mien différent!
Que je vous plains, ma bonne amie!
Il parfait, quand je veux, la douzaine & demie,
Et le nombre de huit est le compte courant
Qu'il augmente à ma fantaisie.

Deux douzaines, dit l'autre, à la premiere nuit,
M'annoncerent du mien quel est le sçavoir faire;
La nature depuis prompte à le satisfaire,
Lui prodigue ses dons, qu'il tourne à mon profit.

Une troisieme renchérit,
Et les autres encor de douzaine en douzaine,
Allerent presque à la centaine.

Le trait ainsi lancé, la troupe disparut,
Et laissa la pauvrette en rut,
Car l'eau lui venoit à la bouche
De tant de douzaines d'exploits
Qu'à d'autres a produit la nuptiale couche.

Une première nuit, huit misérables fois!
Disoit-elle, est-ce ainsi qu'on traite un pucelage?
Avec assez d'attraits, au printems de mon âge,
D'un tel Époux pour moi falloit-il faire choix?
Non, il n'est pas le mien: selon toutes les Loix,
Son impuissance me dégage.

A ces mots elle fit couler des pleurs de rage,
Quand ſa mere ſurvint, & lui dit: pleures-tu
Du mal que ton époux, dans une ardeur trop vive,
T'a fait en dégageant la volupté captive
De l'étroite priſon où la mît ta vertu?

Ah! non ma mere, non: c'eſt un mal que j'ignore,
Mes pleurs ont un motif plus noble & plus puiſſant,
C'eſt que je tiens de vous un mari que j'abhorre,
En un mot il eſt impuiſſant.

A ce terrible mot, la douleur, la colere,
Dans le cœur de la tendre mere
Se ſuccedent tour à tour,
Et bientôt de ſon cœur parvinrent ſur ſa bouche.
De ce funeſte hymen elle maudit le jour,
La rage ſur le front, & le regard farouche,
Elle inſultoit dans ſon courroux
Le Deſtin, elle-même, & plus encor l'époux;
Lorſqu'à ſes yeux parut, ſortant de l'Audience,
Le Robin, glorieux d'avoir en conſcience
Fait le devoir du Sacrement,
Et ne ſe doutant nullement
D'être coupable d'impuiſſance.
Ah! Traître, lui dit-elle, oſes-tu voir le jour
Qui ſuit la nuit qui t'humilie?
Va cacher dans les bois ton inutile amour,
Ta foibleſſe & ton infamie,
Hélas! ta phiſionomie

Annonçoit à ma fille une extrême vigueur.
Ce nez long, ce tein brun, cette robuſte allure
M'étoient garants de ſon bonheur.
Tout cela n'eſt donc qu'impoſture,
Qu'un jeu trompeur de la nature
Qui ne t'a que de l'homme accordé la couleur?
Tu ſçavois bien cela; tu ſçavois que ma fille
Etoit le ſeul eſpoir qui reſte à ma famille:
Cruel, à toutes deux que tu nous fais grand tort;
A ma poſtérité tu vas donner la mort,
Et grace à ta langueur mortelle:
Après toute une nuit d'une attente cruelle,
Ma Fille... quel malheureux ſort!
Ma fille.... Le dirai-je?... eſt encore pucelle.
Pucelle, dites-vous, dit l'époux qui ſoûrit;
Si votre fille l'eſt, il faut donc qu'en ſon nid
L'inacceſſible pucelage
Soit ſi fortement attaché,
Que par le plus ferme courage
Il ne puiſſe être déniché,
Ou que, par grace ſinguliere
Elle en eût tout au moins à perdre plus de huit;
Car, Madame, la nuit derniere
Apprenez que j'aurois détruit
Huit pucelages de bon compte
S'ils ſe fuſſent trouvés dans le même réduit,
Et quand on a dans une nuit
Accompli huit fois le déduit,

Je pense que l'on peut se dire homme sans honte.

Huit fois, si j'ai sçu bien compter,
Dit l'épouse, il est vrai, vous avez pris la peine,
De me payer le droit d'Aubaine,
Voilà bien de quoi vous vanter !
Demandez à Cloris, à Flore, à Celimene,
Leurs trois maris à moins d'une double douzaine,
N'ont jamais cru les contenter;
Je les vaux bien, ne vous déplaise,
Et je ne suis pas assez niaise
Pour croire suffisant un nombre si chétif:
On ne vient pas, Monsieur, à bout d'un pucelage
Avec aussi peu de courage ;
Il faut pour le dompter un vainqueur plus actif.

Par St Jean, qu'est ceci ? dit la mere ébaubie,
A quel prix mets-tu tes appas !...
Tu crois avoir encor... la plaisante folie !...
La fleur que par huit fois ton mari t'a ravie :
Deux Carmes ne suffiroient pas
A satisfaire ton envie.

Sans doute quelque esprit badin
T'a fait du pouvoir masculin
Une hyperbole magnifique.
Il te faudra bien décompter,
Tu l'apprendras par la pratique.
Crois-tu dans tes calculs jamais ne t'arrêter?
Bien-tôt tu te verras réduite à souhaiter

L'insipide unité par grace spécifique.
Ne te plains point de ton destin,
Car pour toi peut-il être aujourd'hui plus benin ?
Huit fois dans une nuit ; l'offrande est fort honnête,
Sur-tout de la part d'un Robin :
N'est pas qui veut en telle fête.

Novice encor, c'est bien à toi
De te plaindre du choix que je t'ai voulu faire :
Hélas ! avec ton pauvre pere
Le fit-on aussi bon pour moi ?

ÉPIGRAMME.

L'Autre jour épanchant cette liqueur divine
Dont nos plaisirs & nous tirons notre origine,
Iris qui s'inondoit dans ces aimables flots,
Fit une si charmante mine,
Que j'entendis l'amour dire ces propres mots :
Vîte, vîte, qu'on la dessine
Pour mon cabinet de Paphos.

AUTRE.

UN Moine noir (c'étoit un Sous-Prieur,)
D'une jeune Nonain vérifiant le sexe,
Las d'encenser le temple antérieur,
Voulut visiter son Annexe.
O vanité ! dit la None perplexe,

Qu'en

Qu'en ſon état l'homme ſe connoît mal,
Que vers le bien ſa route eſt circonflexe :
Un Sous-Prieur trancher du Cardinal.

Rouſſeau.

AUTRE.

Un homme d'une humeur gaillarde,
Appella quelqu'un Maquereau,
Qui lui répliqua bien & beau,
Que votre Épouſe eſt babillarde.

LE MARI CONFESSEUR.
CONTE.

Meſſire *Artus*, ſous le grand Roi François,
Alla ſervir aux guerres d'Italie,
Tant qu'il ſe vit, après maints beaux exploits,
Fait Chevalier en grande cérémonie.
Son Général lui chauſſa l'éperon,
Dont il croyoit que le plus haut Baron
Ne lui dût plus conteſter le paſſage.
Si s'en revient tout fier en ſon village,
Où ne ſurprit ſa femme en oraiſon.
Seule il l'avoit laiſſée en ſa maiſon;
Et la retrouve en bonne Compagnie,
Danſant, ſautant, menant joyeuſe vie,
Et de muguets avec elle à foiſon.
Meſſire *Artus* ne prit goût à l'affaire,

Et ruminant ſur ce qu'il devoit faire,
Depuis que j'ai mon Village quitté,
Si j'étois cru, dit-il, en dignité
De Cocuage & de Chevalerie !
C'eſt moitié trop ; ſachons la vérité.
Pour ce s'aviſe un jour de Confrairie
De ſe vêtir en prêtre, & confeſſer.
Sa femme vient à ſes pieds ſe placer.
De prime abord ſont par la bonne Dame
Expédiés tous les pechés menus ;
Puis à leur tour les gros étant venus
Force lui fut qu'elle changeât de game.
Pere, dit-elle, en mon lit ſont reçus
Un Gentilhomme, un Chevalier, un Prêtre ;
Si le mari ne ſe fût fait connoître
Elle en alloit enfiler beaucoup plus ;
Courte n'étoit pour ſûr la kirielle.
Son mari donc l'interrompt là-deſſus,
Dont bien lui prit. Ah ! dit-il, infidèle !
Un Prêtre même ! à qui crois-tu parler ?
A mon mari, dit la fauſſe femelle.
Qui d'un tel pas ſe ſçut bien démêler.
Je vous ai vu dans ce lieu vous couler
Ce qui m'a fait douter du badinage.
C'eſt un grand cas qu'étant homme ſi ſage,
Vous n'ayez ſçu l'énigme débrouiller.
On vous a fait, dites-vous Chevalier,
Auparavant vous étiez Gentilhomme ;

Vous êtes Prêtres avecque ces habits.
Béni soi Dieu, dit alors le bonhomme,
Je suis un sot de l'avoir si mal pris.

Lafontaine.

ÉPIGRAMME.

LA Clairon à ce qu'on dit
A Luce donna la véroie,
Mais on ment sur ma parole,
La Clairon la lui vendit.

Le Chevalier de Cailly.

AUTRE.

DAns un Couvent de Saragosse,
Une Nonain se trouva grosse.
L'Abbesse, l'apperçut, la reprit, la tança,
Sur quoi la Nonain s'excusa :
Disant que le péché qui cause sa grossesse
Avoit été commis sans son consentement.
Mais cela ne se peut, lui répondit l'Abbesse,
Vous pouviez très-facilement
Repousser cette violence,
Vous n'aviez qu'à crier de tout votre pouvoir :
Oui, mais, dit la Nonain, c'étoit dans le Dortoir
Où notre Régle veut qu'on garde le silence.

L'Abbé Grécourt.

CONTE.

ALison se mouroit d'un mal
Au bout du doigt ; mal d'aventure.
Va trouver le Frere Pascal,
Lui dit sa sœur, & plus n'endure :
Ses remedes sont excellens,
Il te guérira je t'assure,
Il en a pour les maux des dents,
Pour l'écorchure & pour l'enflure ;
Il fait l'onguent pour la brûlure.
Va donc, sans attendre plus tard,
Le mal s'accroît quand on recule ;
Et donne-lui le bon jour de ma part.

Elle va ; frappe à la cellule
Du révérend frere Frappart ;
Bon jour, mon frere, Dieu vous gard,
Dit-elle, ma sœur vous salue,
Et moi qui suis ici venue,
Lasse à la fin de trop souffrir ;
Mais ma sœur vient de me promettre
Que vous voudrez bien me guérir.
Un doigt qui me fera mourir ;
Non je ne sçai plus où le mettre.
Mettez, dit Pascal, votre doigt
Les matins en certain endroit
Que vous sçavez ; hélas ! que sçais-je !

Dites-le moi, frere Paſcal,
Tôt, car mon doigt me fait grand mal.

O l'innocente créature,
Avez-vous la tête ſi dure!
Certain endroit que connoiſſez,
Puiſqu'il faut que je vous le diſe,
C'eſt l'endroit par où vous piſſez:
Hé bien, m'entendez-vous, Aliſe?

Mon frere, excuſez ma bêtiſe,
Répond Alix, baiſſant les yeux,
Suffit, j'y ferai de mon mieux,
Grand merci de votre recette;
J'y cours, car le mal eſt preſſé.
Quand votre mal aura paſſé,
Venez me voir, Aliſonnette,
Dit le frere, & n'y manquez pas.

Soir & matin à la renverſe
Elle met remede à ſon mal:
Enfin l'abcès meurit & perce.
Aliſon ſaine va ſoudain
Rendre grace à ſon médecin,
Et du remede ſpécifique,
Lui vante l'étonnant ſuccès.
Paſcal d'un ton mélancolique
Lui répart: un pareil abcès
Depuis quatre jours me tourmente,

Vous feriez ingrate & méchante,
Si vous me refusiez le bien
Que vous avez par mon moyen.
Alix j'ai besoin de votre aide,
Puisque vous portez le remede
Qui sans faute peut me guérir.
Hé quoi, me verrez-vous mourir,
Après vous avoir bien guérie!
Non, dit Alix, non sur ma vie,
Je ferois un trop grand péché.
Tel crime... Allons donc je vous prie,
Guérissez-vous, frere Pascal,
Approchez vîte votre mal.

A ces mots, Dom Pascal la jette,
Sans marchander sur sa couchette,
L'étend bravement sur le dos,
Et l'embrasse. O Dieux qu'il est gros!
Dit Alix, quel doigt! Et de grace!
Arrêtez.... je le sens qui passe.
Ma chere Alix attends un peu,
Je me mœurs.... souffrez que j'acheve.
Ah! reprit Alix toute en feu,
Vous voilà guéri, l'abcès creve.

Vergier.

ÉPIGRAMME.

UNe Nonain par un Moine requise
Du jeu d'amour, lui dit, Pere Cordon,
Si me faut-il d'abord, peur de surprise,
Par le Chattier aulner votre Bourdon :
Venez ce soir à l'heure du pardon.
L'autre n'étant sûr de son allumelle,
Le soir venu fait à la Jouvencelle,
Au lieu de lui, tâter son compagnon.
Nanni, nanni, je m'y connois, dit-elle,
C'est de par Dieu celui du pere Oignon.

Rousseau.

AUTRE.

MAdame, montrez-moi des gants.
Que vendez-vous ceux-ci ? Monsieur, rien que six francs.
Madame, vous en aurez quatre,
Monsieur, je n'en puis rien rabattre.
Madame, douze francs, mais je veux vous baiser.
Monsieur, je n'ai rien fait de toute la semaine,
En vérité, c'est mon étrenne,
Je ne veux pas vous refuser.

Chevalier Cailly.

CONTE.

Zenogris, Fille grande & forte,
Mais ingénue, autant que fille de sa sorte,
Autour d'elle laissa tant roder son amant,
Qu'enfin je ne sçai comment,
Ses robes chaque jour devenoient plus étroites.
Comme elle étoit des moins adroites
Ses parens aussi-tôt s'apperçurent du cas,
Dieu sçait quel bruit & quel fracas
Ce fut dans toute la famille!
Cependant le galant, quoique petit, mal fait,
Etoit riche, ce point adoucit tout le fait;
D'abord le pere de la fille
Va proposer au suborneur
D'épouser Zenogris pour sauver son honneur.
Epouser est un sort où rarement aspirent
Ceux qu'amour n'a pas faits vainement soupirer;
Et c'est ce qu'à peine ils desirent
Lorsqu'ils ont tout à desirer.
Aussi Christol (c'est le nom du jeune homme)
A ce triste propos n'eut garde de céder,
On supplie, on menace, on somme,
Le plus court fut donc de plaider.

Devant les Magistrats notre belle éplorée
Se plaint, montrant son ventre à son menton égal,
D'avoir été déshonorée.

Et

Et demande qu'enfin par le nœud conjugal
Cette honte ſoit réparée.
Criſtol d'une mine aſſurée,
Et fourbe, comme ſont les hommes d'aujourd'hui,
Dit que le fait n'eſt pas de lui.
En cent façons on tâche à le ſurprendre :
Quel parti qu'on puiſſe prendre,
Le drôle adroitement de tout ſçait ſe tirer.
Eh ! bien, Meſſieurs, répond Zénogris déſolée,
Puiſqu'il m'y force, enfin il faut tout déclarer :
Le perfide m'a violée,
Debout contre une porte arriva l'accident.
Mais comment, dit le Préſident,
Un homme ſi petit qu'à peine il peut atteindre
De la main juſqu'à votre front
A-t-il pu debout vous contraindre
A recevoir un tel affront ?
Hélas ! la choſe eſt très-certaine,
Répond Zénogris ſans tarder,
Le voyant haleter & ſouffrir tant de peine
Je me baiſſai tant ſoit peu pour l'aider.
A ces mots de rire éclatérent
Les Juges, & la débouterent
De ſa vaine prétention.
Si l'on jugeoit ſans paſſion
Ou plutôt ſans prévention
Tout ce que dans le monde on nomme violence,
L'on verroit que ce n'eſt que pure fiction.

Et l'on n'y trouveroit que trop de ressemblance
A cette présente action.

Vergier.

ÉPIGRAMME.

L'EVESQUE *in Partibus.*

PRès de Thérèse jeune fille,
Alerte, fringante & gentille,
Un Prélat suppôt de Cypris
Sentoit soulever sa mandille.
Déja de sa grandeur, les doigts saints & bénis
Visitoient les endroits d'amour les plus chéris.
Que faites-vous, lui dit Thèrése?
Quel égarement! quel abus!
Moi, dit l'Evêque *in partibus*,
Je visite mon Diocèse.

AUTRE.

AH! que voilà de beaux enfans!
Disoit un grand Seigneur au gros Colas leur pere,
Qu'ils sont frais, gaillards & puissans;
Nous autres gens de Cour nous voyons au contraire,
Les nôtres délicats, foibles & languissans,
Toujours mal sains & toujours blêmes.
Comment faites-vous donc vous autres paysans?
Pargué, Monsieur, nous les faisons nous-mêmes.

AUTRE.

Un Castillan zèlé pour les Laïs,
En leur faveur chantoit comme un Orphée,
Un Florentin, pour l'honneur du pays,
Aux seuls Gitons élevoit un trophée,
Mais vous voyant en Cavalier coëffée,
Chacun changea de goût & de discours;
L'Italien jura que pour toujours
Il quitteroit sa premiere pratique,
Et l'Espagnol promit tout au rebours,
De n'exercer que l'amour Socratique.

Rousseau.

LES DEUX AMIS.
ÉPIGRAMME.

Axiocus avec Alcibiades,
Jeunes, bienfaits, galans & vigoureux,
Par bon accord, comme grands camarades,
En même nid furent pondre tous deux :
Qu'arrive-t-il ? l'un des deux amoureux
Tant bien exploite autour de la donzelle,
Qu'il en nâquit une fille si belle
Qu'ils s'en vantoient tous deux également.
Le temps venu que cet objet charmant
Put pratiquer les leçons de sa mere,
Chacun des deux en voulut être amant,

Plus n'en voulut l'un ni l'autre être pere.
Frere, dit l'un, ah! vous ne ſçauriez faire
Que cet enfant ne ſoit vous tout craché.
Parbleu, dit l'autre, il eſt à vous, compere,
Je prends ſur moi le hazard du péché.

Lafontaine.

LE GASCON.
EPIGRAMME.

De Pezenas un Citoyen fidele,
Diſoit avoir à jeune jouvencelle,
En une nuit donné dix fois l'aſſaut.
Alix l'oyoit : mon bon Ange, dit-elle,
Que je voudrois avoir ce qu'il s'en faut.

CONTE.

Un Allemand bien fait, proportionné,
Avec l'Armée en Champagne défile.
Pour logement au Soldat eſt donné
Le ſombre lit d'un habitant docile :
Le Champenois, hélas! n'en avoit qu'un,
Un Forgeron en a-t-il davantage ?
Il fallut donc que ce lit fût commun
Et qu'il contînt tout le petit ménage.
Au beau milieu l'on place par honneur
Le nouvel hôte ; & près du bon apôtre

Les deux conjoints s'endorment de bon cœur.
D'un côté l'un, & la femme de l'autre.
Elle jugea que c'étoit le plus sûr
Pour esquiver les desseins de notre homme,
De se tourner le nez contre le mur.
Ce fut en vain ; tous chemins vont à Rome.
Le mouvement fit éveiller Vulcain,
Qui voyant Mars de sa Vénus trop proche,
Oh ! Oh ! parbleu, s'écria-t-il, Catin,
C'est tout de bon vraiment qu'il vous accroche.
Tu n'as pas tort ; comment ! foin du Galant !
Reproche-lui son insolence extrême ;
Pardi, mon fils, reproche lui toi-même,
Sais-je parler un seul mot allemand ?

L'Abbé Grécourt.

CONTE.

UN Jouvenceau se confessoit
Un jour de Pâques à certain Picpuce;
C'étoit, je pense, Pere Luçe
Que le bon homme se nommoit.
Or entr'autres péchés, le drôle s'accusoit
De coucher avec sa Servante,
Gentille & jeune, & par-dessus ceci,
Très-neuve encor, (cas rare en ce temps-ci.)
Passons, lui dit le Moine ; instruire une ignorante
N'est pas tant mal : mais poursuit le compere,

Auſſi j'ai quelquefois affaire
Avec Alix, la femme à Jean, notre voiſin,
Allons, c'eſt aider ſon prochain,
Puis avec une Veuve. Ah! parbleu, dit le pere,
De vous paſſer ceci, je ne ſerai ſi doux.
Conſoler affligé, c'eſt faire œuvre propice,
Mais des Défunts faire l'office,
C'eſt entreprendre deſſus nous.

Par le même.

AUTRE.

LA nuit un coche ayant verſé,
On tomba les uns ſur les autres;
Chacun ſe crut le cou caſſé,
Et dépêchoit ſes patenôtes.
Dans l'entre-deux d'un gros feſſier,
Un Curé fut pris par la nuque.
Il retira ſon chef entier;
Mais il y laiſſa ſa perruque:
Il l'a cherche en l'obſcurité.
Une Dame, fort étonnée
Se plaint de ſa témérité.
Monſieur, ſuis-je aſſez tâtonnée?
Le Curé s'excuſa beaucoup,
Et pour appaiſer ſon murmure,
Lui dit: je la tiens pour le coup,

Car j'ai le doigt dans la tonſure.

Le même.

AUTRE.

N'A pas long-temps qu'aviſai Madelon,
Qui repoſoit ſur la verte fougere,
Un doux zephir enfloit ſon cotillon,
Si que je vis preſque à nu ſon derriere;
A tel aſpect, amour, ce fis-je alors,
Le beau feſſier, la chair blanche & polie!
Que Madelon cache à l'œil de tréſors!
Lors m'approchant de la belle endormie,
Tout bellement la pris entre mes bras;
Et d'une main qu'amour rendoit hardie,
Je découvris ſes plus ſecrets appas.
Dormoit toujours la gentille pucelle,
Ou le feignoit, car n'ouvroit la prunelle.
Jamais ne fut ſommeil plus apparent.
De l'éveiller me prit la fantaiſie,
Et me ſouvint qu'en cas peu différent
J'avois guéri femelle aſſez jolie
De certain mal, qu'on nomme pamoiſon.
Peut-être encor, c'eſt ce mal, que ſait-on?
Or quel malheur! ſi telle maladie
Faiſoit mourir ſans ſecours Madelon!
Sans plus tarder j'appliquai le remede.

Prêt il étoit & n'avoit besoin d'aide.
Du premier coup la tira du sommeil.
Lors Madelon se frottant la paupiere,
Bon gré, me dit, vous sçais de mon réveil;
Et grand plaisir m'avez-vous fait, compere.
Viendrai dormir tous les jours en ce lieu,
Puisque si bien sçavez comme il faut faire,
Pas ne manquez de m'éveiller, adieu.

Attribué à l'Abbé Chaulieu.

SONNET.

POur éviter l'ardeur du plus grand jour d'Été,
Catin dessus un lit dormoit à demi nue,
Dans un état si beau, qu'elle eût même tenté
L'humeur la plus pudique & la plus retenue.

Sa jupe permettoit de voir en liberté
Ce petit lieu charmant... qu'elle cache à la vue,
Le centre de l'amour & de la volupté,
La cause du beau feu qui m'enflamme & me tue.

Un si sensible objet en cette occasion,
Bannissant mon respect & ma discrétion,
Me firent embrasser cette belle dormeuse.

Alors elle s'éveille à cet effort charmant,
Et s'écrie aussi-tôt : Ah! que je suis heureuse,
Les biens, comme l'on dit, me viennent en dormant.

L'Abbé de Grécourt.

ÉPIGRAMME.

GUillot passoit avec sa mariée :
Un Gentilhomme à son gré la trouvant,
Qui t'a, dit-il, donné telle épousée ?
Que je la baise à la charge d'autant,
Bien volontiers, dit Guillot à l'instant,
Elle est, Monsieur, fort à votre service.
Le Monsieur donc fait alors son office.
En commençant, Perronelle rougit.
Huit jours après ce Gentilhomme prit
Femme à son tour : à Guillot il permit
Même faveur. Guillot tout plein de zèle,
Puisque Monsieur, dit-il, est si fidele
J'ai grand regret, & je suis bien fâché
Qu'ayant baisé seulement Perronelle,
Il n'ait encor avec elle couché.

Lafontaine.

AUTRE.

UN vieil Abbé, peu curieux des Messes,
Pendant la nuit de Noël exploitoit
Fille de bien ; mais mal s'y presentoit,
Dont tous les deux avoient grandes détresses.
De ce, dit-il, ne t'étonnes, Mamour,
Dieu ne permet qu'on péche en si grand jour.
Avint pourtant qu'à la fin il engaîne.

Lors elle dit, Dieu, n'y ſonge-t'il plus !
Si, dit l'Abbé, mais ce n'eſt pas ſans peine
Qu'enfin le Diable a repris le deſſus.

Rouſſeau.

AUTRE.

SŒur Jeanne ayant fait un poupon,
Jeûnoit, vivoit en ſainte fille;
Toujours étoit en oraiſon,
Et toujours ſes ſœurs à la grille.
Un jour donc l'Abbeſſe leur dit :
Vivez comme Sœur Jeanne vit,
Fuyez le monde & ſa ſequelle.
Toutes répondirent à l'inſtant:
Nous ſerons auſſi ſages qu'elle
Quand nous en aurons fait autant.

La fontaine.

AUTRE.

UN Cavalier de Landau revenu,
Très-mal en point, chopinoit chez un Carme,
En chopinant, vit ſur ſon bras charnu
Toile de lin dont la beauté le charme.
Par la morbleu, s'écria le Gendarme,
Onc Tiſſeran ne ſçut avec tel art
Filer chemiſe... Ami, dit le Frappart,

Trouſſant ſa robe, il n'eſt que d'être habile.
Vois-tu bien là, Meſſire, Jean Chouard?
C'eſt la quenouille avec quoi je les file.

Rouſſeau.

RONDEAU.

L'Aimable cul de Briſeïs
N'a point de pareil, ni de prix,
Plus rond qu'une boule d'yvoire,
Le croira qui voudra le croire;
J'en ai preſque mes ſens ravis,
Mon cœur de joie en eſt épris,
Et j'ai toujours dans ma mémoire
L'aimable cul.

Celui de la Reine des Ris,
Mille fois plus blanc que les Lis,
Couronné de grace & de gloire,
N'eſt pas ſi vanté dans l'Hiſtoire,
Que le ſera dans mes écrits
L'aimable cul.

EPIGRAMME.

Un jeune Conſeiller, amoureux d'une belle,
Voyant certain Plumet qui la ſuivoit partout,

Lui dit, Madame, ah ! ce Plumet me f...
Il me f... aussi dit-elle.

LES JOIES DU PARADIS.

COlas, vrai manant du Village,
Épousa la veuve Alison,
Qui, plus ardente qu'un tison,
Connoissoit fort le mariage;
Mais Colas n'étoit qu'un oison.
La premiere nuit du ménage
Elle n'en put tirer raison,
Car il avoit son pucelage,
Et ne fit pour tout badinage
Que papilloter la toison.
Le lendemain faut sçavoir comme
Alix maltraita le Jeannot.
Je croyois avoir pris un homme,
Dit-elle, & je n'ai pris qu'un sot.
Dame! il n'a jamais fait la joye,
Lui répondit un des parens,
Faudroit le mettre sur la voye,
Et vous seriez bien-tôt contens.
Volontiers, qu'à cela ne tienne.
En effet, la grosse maman,
Qui devoit sçavoir le tran tran,
La nuit d'après lui coula cette antienne:

L'ami, ferois-tu curieux
De goûter les plaisirs des Dieux,
Des Dieux qui font au Ciel? fans doute:
Comment? Eh! nous ne voyons goûte!
N'importe, approche-toi, pas ainsi.... bon cela,
Encore tant foit peu... t'y voilà;
Courage, allons... fort dans les boules,
Colas dans ce moment crut quitter fon taudis,
Et s'écria : ma mere, ayez foin de nos poules,
Je fens que j'entre en paradis.

Grécourt.

LE POINT D'AIGUILLE,

CONTE.

CErtain tendron qu'Ifabeau l'on nommoit,
Après quinze ans ayant fon pucelage,
Cas fingulier, dans un bal fe trouvoit;
Chacun illec de danfer faifoit rage,
Fors Ifabeau, la pauvre fille étoit
Seule en un coin, faifant trifte figure,
Les yeux baiffés, & tenant fa ceinture
De fes deux mains que point ne remuoit,
Si qu'euffiez dit que c'étoit une idole.
Un fien ami, que j'appelle Damon,

Vient l'accofter, lui fait cette leçon,
Tandis qu'ici l'on rit, l'on cabriolle,
Etre ainfi trifte, à vous n'eft pas fort beau,
Chacun s'en mocque, allons belle Ifabeau,
Venez danfer, fouffrez que je vous mene,
Là, votre main.... Non, ce n'eft pas la peine,
Dit Ifabeau, Monfieur, laiffez ma main,
Bien grand merci, pourtant ne croyez mie
Que tel refus provienne de dédain:
Car de danfer j'aurois très-grande envie,
Mais on m'a dit que quand je danferois,
Mon pucelage auffi-tôt je perdrois;
Qu'il tomberoit devant les gens: Eh! Dame,
Maman après me chanteroit fa gamme,
Bien la connois, elle m'affolleroit.
Ah! dit Damon, qui fous cape rioit,
Je vois ce que c'eft, or qu'à ce point ne tienne
Que ne preniez votre part de plaifir,
Dans ce moment tout à votre loifir
Pourrez danfer, fans crainte qu'il advienne
Ce qui fi fort me femblez redouter.
Il faut fans plus à votre pucelage,
Trois points d'aiguille, & vais fans differer
Si le voulez, vaquer à cet ouvrage:
Je ne ferois, pour tout autre que vous,
Befogne telle: or ça dépêchons-nous,
Puis danferons après tout à notre aife.

Aussi-tôt dit, notre belle niaise,
Suit le Galant, & tout cela si bien,
Que de leur fuite on ne soupçonna rien.
Voilà Damon qui prend en main l'aiguille,
Vous fait un point, puis un autre; la fille
De prendre goût & de dire: Ah! vraiment,
Je couds fort mal, à ce que dit Maman,
Elle me gronde: Oh! bien qu'elle m'achete
Pareille aiguille, elle verra beau jeu.
Les vend-on cher?... Cousez encore un peu.
On coud un point, puis Damon fait retraite:
Belle, dit-il, c'est assez bien cousu
Pour cette fois, & votre pucelage
N'a désormais à craindre aucun dommage;
Venez danser: la friponne eût voulu
Ne point si-tôt abandonner l'ouvrage;
Elle alleguoit bien des *si*, bien des *mais*,
Rien que trois points, il ne tiendra jamais,
Oncque ne fut robe trop bien cousue,
Mais le galant s'éloignant à sa vue,
Elle rentra dans le bal à l'instant.
Quelqu'un la prend pour danser: elle danse.
On admira sa noble contenance,
Son air, ses traits, son teint vif & brillant,
Le tout étoit l'ouvrage d'un moment.
Un seul moment d'Isabeau l'imbécille,
Avoit sçu faire Isabeau la gentille.

Comment cela? demandez-le aux Docteurs,
Docteurs en Loix ou bien en médecine:
Nenni dà, non au diable leur doctrine;
Ce ſont pédans que Dieu fit: c'eſt ailleurs
Que trouverez ſolution certaine,
Chez mon Patron le gentil Lafontaine,
Gens qui d'amour tiennent tout leur latin;
Or reprenons, notre conte. La belle
Ayant danſé pendant aſſez long-temps,
Vint à Damon; je crains fort, lui dit-elle,
Qu'après maints ſauts, & maints tremouſſemens
Ce qu'avez fait ne ſoit peine perdue;
Partant allons coudre tout de nouveau
Mon pucelage, il ne ſeroit pas beau
Que tout à coup il tombât à la vue
De tout le monde, & pouvant l'empêcher
Vous en auriez autant que moi de blâme;
Venez donc, ſoit. Damon répond: oh, Dame!
Plus n'ai de fil, d'un autre couturier
Pourvoyez-vous · c'eſt mechanceté pure,
Dit Iſabeau, de fil vous n'avez plus?
Eh! dites-moi, que ſont donc devenus
Deux pelotons qu'aviez à la ceinture?

ÉPIGRAMME.

ÉPIGRAMME.

AU Dieu d'Amour, une pucelle
Offroit un jour une chandelle
Pour en obtenir un Amant.
Le Dieu sourit à sa demande,
Et lui dit : Belle, en attendant
Servez-vous toujours de l'offrande.

AUTRE.

LE pénitent d'un Disciple d'Élie,
Lui racontoit qu'en un lieu débauché,
Il avoit pris de fille assez jolie
Le fruit cuisant de l'amoureux péché.
Le Carme dit : je n'en suis pas fâché,
Aux indévots sied bien un tel salaire,
Jà ne seriez de ce mal entiché,
Si comme nous portiez un scapulaire.

Roussea

AUTRE.

UN jeune Abbé s'accusoit à confesse
D'avoir pendant toute une nuit
Partagé le lit de l'Hôtesse,

Où ſon Bidet l'avoit conduit.
Combien de fois fîtes-vous cette affaire,
Mon enfant ? il faut les compter.
Combien de fois? oh! oh! mon pere,
Je ne ſuis pas ici pour me vanter.

LE GUEUX.

Un Manant tout deguenillé,
Gueuſoit d'une maniere immonde,
Il étoit ſi mal habillé
Qu'il ſcandaliſoit tout le monde.
Le drôle le faiſoit exprès
Et s'en gobergeoit en lui-même.
Caire mit les Archers après,
Tant l'impudence étoit extrême.
Voilà les témoins aſſignés,
Tous les hommes le reconnurent,
Et ſur ces traits bien déſignés
Contre lui hautement conclurent.
Les femmes furent ſon appui,
Car toutes dans leur témoignage,
Dirent: je ne ſçai ſi c'eſt lui,
Je n'ai pas pris garde au viſage.

Grécourt.

LE PARTANT-QUITTE.

CErtain Grivois, un jour à ſon Curé
Se confeſſoit, & d'un ton aſſuré,
Sembloit vouloir lui vanter ſon mérite.
J'ai, diſoit-il, de mon prochain médit,
Mais pour le bien qu'enſuite j'en ai dit,
J'ai réparé tout le mal; par-tant quitte.
Certains bijoux que l'on avoit perdus,
Je les gardai, mais je les ai rendus,
Partant-quitte: & mon ame à tel point n'eſt méchante,
De retenir le bien qui ne m'appartient pas.
Enfin, baiſſant la voix, il dit d'un ton plus bas:
Monſieur, avec votre ſervante
J'ai... Mais comment m'acquitter de ceci?
Lors le Curé, pour raſſurer ſon ame,
Dit: Monſieur, avec votre femme
J'en fis autant, & partant-quitte auſſi.

Le même.

ÉPIGRAMME.

CErtain Chanoine, à la taille legere,
Se confeſſoit d'avoir fait bricoler
Une Nonain: paſſons-lui, dit le pere,

C'est du Seigneur la vigne travailler.
Puis une veuve. Allons c'est consoler
Les affligés. Oui, dit le Chanoine,
Ce n'est le tout. Comment par Saint Antoine
Poursuivit-il, j'ai f.... contre un mur...
Qui? votre sœur. Ma sœur! reprit le Moine,
Et moi ta mere; adieu, *remittuntur*.

Rousseau.

LE BAT.

UN Peintre étoit, qui jaloux de sa femme,
Allant aux champs, lui peignoit un Baudet
Sur le nombril, en guise de cachet.
Un sien confrere, amoureux de la Dame,
La va trouver & l'âne efface net;
Dieu sçait comment! puis un autre en remet
Au même endroit, ainsi que l'on peut croire.
A celui-ci, par faute de mémoire
Il met un Bât: l'autre n'en avoit point.
L'Epoux revient veut s'éclaircir du point.
Voyez, mon fils, dit la bonne Comere,
L'Ane est témoin de ma fidélité.
Diantre soit fait, dit l'Époux en colere,
Et du témoin & de qui l'a bâté.

Lafontaine.

LE CONNOISSEUR.

CHaque Épouseur veut avoir fille intacte;
Moi, bon humain, je ne vas pas si loin.
Femmes, venez, & demain je contracte
Si je suis sûr qu'enceintes n'êtes point.

Colas voulant avoir étoffe neuve,
Dans le hameau prit pour femme Lison;
Fille fort simple, & si jeune, dit-on,
Qu'elle devoit expirer à l'épreuve.
L'Époux croyant avoir terrible nuit,
Bien s'évertue au lubrique déduit,
Et son engin à grand force éperonne.
D'autre part Lise, ainsi qu'une lionne
Se débattoit & menoit un beau bruit.
Colas enfin après longue bataille,
Dont front lui sue & braquemar lui cuit,
Entre en vainqueur dans l'amoureuse entaille.
Mais dans le tems que d'aise triomphant
Il embrassoit sa dolente Épousée,
Et s'estimoit de l'avoir pertuisée,
Elle lui fit un bel & gros enfant.

LES DOIGTS BÉNIS.

APrès la Messe à travers un parloir,
Colette un jour entretenoit pere Ange.
Est-ce péché, dit-elle au Pere noir,

De me gratter quand le C.. me démange?
Oui, c'eſt péché, ne fût-ce qu'un moment :
Nos corps ne ſont que boue & que ſouillures,
Et quel que ſoit le deſir véhément,
Ne faut ſur ſoi porter des mains impures.
Lors ſe levant & trouſſant ſes habits,
Grattez-moi donc, dit Colette au pere Ange,
Vous, Pere en Dieu, dont les doigts ſont benis,
Et grattez fort, car bien fort me démange.

Grécourt.

ÉPIGRAMME.

Vous plaît-il ſouper, Iſabelle,
Ou faire l'amoureux déduit?
Tout ce qu'il vous plaira, dit-elle,
Mais notre ſoupé n'eſt pas cuit.

LA SŒUR GRISE.

Un gros paillard, c'étoit un Clerc d'Égliſe,
Pour certaine raiſon prit chambre à l'Hôpital;
Près de lui paſſe une Sœur Griſe
Ayant un tein uni comme criſtal.
Je me mœurs, chere Sœur, & deſſous ſa chemiſe
Conduit ſa belle main, lui fait tâter ſon mal.
Quel mal! Jeſus, s'écrie avec ſurpriſe

Sœur Isabeau d'esprit bien peu subtile.
Croyez-vous en mourir? non : ma Sœur, répond-il ;
Car vous portez pour maux de telle mise
Sous vos jupons la médecine exquise.
Pour lors le Clerc lui met la main sous le nombril,
La Baise tendrement ; l'enjambe sans remise,
Et dans la gaine enfile son outil.
Si peu pensoit, bien sentoit la chrétienne ;
Tant que de rage & de feu toute pleine,
Prenant plaisir comme une autre à ce jeu,
Dit alors au malade, au moins qu'il t'en souvienne,
Je prétends bien te guérir pour un peu,
Mais aussi je prétends qu'après le mal revienne.

ÉPIGRAMME.

Frere Conraud desséché de luxure ;
Sur son chalit tenant Madame Alain,
Pour la baiser sollicitoit en vain
Les secours lents de la froide nature.
Tout étoit mort. Le révérend perplex,
Son cas n'est point de ceux que femme excuse,
A la valeur suppléant par la ruse,
Pour bon outil employoit son index.
Mais Dame Alain au troc point ne s'abuse.
Tirez, tirez, dit-elle, en son courroux,

Dans mes deux mains si pareil jeu m'amuse
Je trouverai dix hommes tels que vous.

AUTRE.

Je pris hier ce Pinçon aux gluaux,
Disoit un gars à certaine imbécile.
Je vous le donne, & levant les drapeaux,
Non sans combat dans le nid de Paphos
Ribaud logea le gaillard volatile.
Dans les accès des plaisirs amoureux,
La belle prend deux boules qu'elle trouve,
Et s'écria : vraiment ce sont des œufs,
Fais-les-y entrer pour que l'oiseau les couve.

LES BONNETS.

Aux pieds d'un Confesseur un Ribaud pénitent
Développoit sa conscience.
Pere, lui disoit-il, je viens bien repentant
Vous faire l'humble confidence
Que la chair fut toujours mon péché dominant.
Tant pis, dit le Pater; mais enfin, mon enfant,
Le temps, grace à la Providence,
Met fin à la concupiscence.
Voyons à quels excès vous êtes-vous porté
Par le déréglement trop long-temps emporté ?

N'êtes-

N'êtes-vous pas contrit? Si je le ſuis, mon pere,
Ah! je ne puis aſſez gémir de ma miſere!
Allons, tels ſentimens montrent un vrai retour,
Parlez donc: dites-moi vos fautes ſans détour,
Et n'oubliez ſur-tout aucune circonſtance,
La façon de pécher décide de l'offenſe.
Continuez. Hélas! mon pere, une beauté
Que le hazard m'offrit, & dont je fus tenté,
Me fit perdre en un jour toute mon innocence;
Je l'aimai, je la vis avec toute licence,
Et l'Amour, dans ſes bras, au fonds d'un Cabinet.
Je vous entends: ſon nom? on l'appelle Bonnet.
Bonnet? je la connois: comment donc adultere!
Ah! mon fils, redoutez la céleſte colere!
Mais voyons que devint ce commerce odieux:
Mon Pere, il fut ſuivi d'un plus délicieux:
Une jeune Bonnet, tendre, vive, gentille.....
Oh! oh! voici bien pis: quoi! la mere & la fille!
Cette jeune beauté, ſource de mes plaiſirs,
Devint bien-tôt, pour moi, l'objet de mes deſirs.
Ah! quel déſordre affreux! l'inceſte, l'adultere!
Mon Pere, ſuſpendez votre juſte colere:
Je ne viens point ici vous prôner mes vertus,
Et tout ce que j'ai dit n'eſt encor que bibus.
Apprenez que Bonnet, chef de cette famille,
Succéda dans mon lit à ſa femme, à ſa fille,
Et que ſon fils enfin y prit place à ſon tour,

Que j'eus pour ce dernier le plus ardent amour.
Méchant, n'acheve pas, dit le Prêtre en furie,
Je ne veux plus entendre une telle infamie,
Et puisque tout Bonnet doit être ta catin,
Tiens, bourreau, prends le mien, & remplis ton destin.

L'Abbé Grécourt.

ÉPIGRAMME.

UN fier *Castrais* à quarrure charnue
Et mince outil, troussant Lise en un coin,
Dans son calçon, pour lubrique besoin
Cherchoit en vain sa nature menue.
Lise qui vit son embarras piteux,
Sort d'un étui double verre convexe,
Disant, mon fils, mets ceci sur tes yeux,
C'est le moyen d'appercevoir ton sexe.

AUTRE.

LE teint jauni, le front tout boutonné,
Filtrant l'empois par l'humide goutiere,
Et sur son lit souffrant comme un damné,
Un vieux Ribaud tançoit sa chambriere.
Ah! monstre impur, pour mon supplice né,
Tu m'as donné le mal qui me dévore.

L'autre répond: moi je vous l'ai donné;
Vous vous trompez, car je l'ai bien encore.

CONTE.

UN de ces jours Dame *Boulbéne*,
Pour certain besoin qu'elle avoit,
Envoya Jeanne à la Fontaine;
Elle y courut, cela pressoit,
Mais en courant, la pauvre créature
Eut une fâcheuse avanture;
Un malheureux caillou qu'elle n'apperçut pas
Vint se rencontrer sur ses pas.
A ce caillou Jeanne trébuche,
Tombe enfin & casse sa cruche:
Mieux eût valu cent fois s'être cassé le cou.

Casser une cruche si belle,
Que faire! Que deviendra-t'elle?
Pour en avoir une autre, elle n'a pas un sou.
Quel bruit va faire sa maîtresse
De sa nature très-diablesse?
Comment éviter son courroux?
Quel emportement! que de coups!
Oserai-je jamais me r'offrir à sa vue?
Non, non, dit-elle, enfin il faut que je me tue,
Tuons-nous. Par bonheur un voisin près de là,

Accourut entendant cela ;
Et pour consoler l'affligée
Lui chercha les raisons les meilleures qu'il put ;
Mais tout bon orateur qu'il fut
Elle n'en fut point soulagée ;
Et la belle toujours s'arrachant les cheveux
Faisoit couler deux ruisseaux de ses yeux,
Enfin vouloit mourir, la chose étoit conclue.
Hé bien veux-tu que je te tue,
Lui dit-il ? volontiers. Lui sans autre façon
Vous la jette sur le gazon,
Obéit à ce qu'elle ordonne.
A la tuer des mieux apprête ses efforts,
Leve sa juppe, & puis lui donne
D'un poignard à travers le corps.
On a grande raison de dire
Que pour les malheureux la mort a ses plaisirs;
Jeanne roule les yeux, se pâme, enfin expire,
Mais après les derniers soupirs
Elle remercia le sire.
Ho ! le brave homme que voilà ;
Grand merci, Jean, je suis la plus humble des vôtres ;
Les tuez-vous comme cela ?
Vraiment j'en casserai bien d'autres.

QUATRAIN.

LIse est en couche, en faut-il rire,
Et si fort y trouver à dire ?
Cesse-t'on pour si peu d'être fille de bien?
L'enfant que Lise a fait n'est pas plus grand que rien.

Chevalier de Cailly.

EPIGRAMME.

CHaque état, chaque dévise,
Vaincre ou mourir est celle des héros;
Courte priére & long repos,
Long-tems sera pour gens d'Église:
Toujours à table ou sur le dos,
Est celle que Margot a prise.

A UNE DAME QUI BAISOIT DES MOINEAUX.

DOnner à vos moineaux des baisers savoureux,
En leur pressant le bec de vos lévres de roses :
N'est-ce pas vous tromper dans l'usage des choses,
En leur donnant un bien qui n'est pas fait pour eux.

Chevalier de Cailly.

AUX MOINEAUX QUE CETTE DAME BAISOIT.

DAns les momens que *Boulbéne* vous baiſe,
Petits moineaux, vous ne mourez point d'aiſe?
J'en ſerois mort en goûtant ces appas :
Que malheureux le Ciel nous a fait naître !
Vous jouiſſez d'un bien ſans le connoître ;
Je le connois & je n'en jouis pas.

Le même.

LE PUCELAGE FEINT.

QUand vous feignez d'être pucelle,
Vous me prenez pour innocent;
En l'âge où vous êtes, la belle,
Un pucelage eſt indécent ;
Et tout de bon je vous proteſte
Que quand vous en auriez eu cent,
Je ne croirois pas maintenant
Que vous en euſſiez un de reſte.

Le même.

ÉPIGRAMME.

UN vieux pucelage, *Boulbéne*,
Par fois cauſe bien des travaux.
Damon, n'en ſoyez pas en peine,
Nous ſçavons prévenir les maux.

Le même.

AUTRE.
CONTRE LA VEUVE B...

EN pleurant l'Époux qu'elle perd,
B... vous fait pitié, quelle erreur est la vôtre!
Tel un bâton de bois verd,
Qui brûle par un bout, quant il pleure par l'autre.

Grécourt.

AUTRE.
L'INCRÉDULE.

ALise, ma chere merveille,
Sur mon ame je ne ments pas,
Quand je vous dis que vos appas
Font que jamais je ne sommeille;
Que si, malgré tous les propos,
Témoins de mon peu de repos,
Vous croyez que je dissimule,
Couchez cette nuit avec moi,
Et vous verrez, belle incrédule,
Comme je suis digne de foi.

AUTRE.

J'Épouserois bien Isabelle,
Je trouve assez d'attraits en elle,
Sa gentillesse m'a vaincu;

Mais autant que j'aime la belle,
Autant je hais d'être cocu.

De Cailly.

CHANSON.

AU fonds d'une grotte obſcure,
Un jour le tendre Tircis,
Sur les peines qu'il endure,
Se plaignoit à ſon Iris:
Dans l'ardeur qui l'encourage,
Il diſoit cette Chanſon:
C'eſt trop ſi c'eſt badinage,
Trop peu ſi c'eſt tout de bon.

Quelquefois d'un regard tendre
Qui s'accorde avec le mien,
A mon cœur tu fais entendre
Que je ſçais toucher le tien;
Mais malgré ce doux langage
Ta bouche me dit que non:
C'eſt trop ſi c'eſt badinage,
Trop peu ſi c'eſt tout de bon.

Sur ta bouche à demi cloſe,
Quoique voyant mon deſſein,
Tu me laiſſe d'une roſe
Faire un amoureux larcin;

Mais tu n'as pas le courage
D'en faire jamais le don :
C'eſt trop ſi c'eſt badinage,
Trop peu ſi c'eſt tout de bon.

Sur deux mots que j'idolâtre,
Par ſurpriſe ou par hazard
Ma main quelquefois folâtre,
Et ſuit mon tendre regard;
Soudain de ce double gage
Tu me prives ſans raiſon :
C'eſt trop ſi c'eſt badinage,
Trop peu ſi c'eſt tout de bon.

Du Jardin de Cytherée,
Dans quelques momens flâteurs,
J'arrive juſqu'à l'entrée
Pour en arroſer les fleurs,
Mais tu fermes le paſſage
A ma vive paſſion:
C'eſt trop ſi c'eſt badinage,
Trop peu ſi c'eſt tout de bon.

A ces mots: d'Iris plus tendre,
Le trouble ſaiſit le cœur;
Et ce trouble fit comprendre
A Tircis tout ſon bonheur,
Il entendit ce langage,
Et dit ſur un autre ton:

Voyons ſi c'eſt badinage,
Ou bien ſi c'eſt tout de bon.

Il embraſſe la Bergere
Et la ſerre entre ſes bras,
Ce qu'enſuite il a pu faire
Je ne vous le dirai pas;
Mais je ſçais qu'après l'ouvrage,
Il diſoit cette chanſon :
Non, ce n'eſt plus badinage,
Pour le coup c'eſt tout de bon.

Tu veux tirer trop de gloire
D'un ſeul combat, dit Iris,
Et d'une ſeule victoire
Tu me vantes trop le prix :
A mon tour, berger trop ſage,
Je répéte ta chanſon,
C'eſt trop ſi c'eſt badinage,
Trop peu ſi c'eſt tout de bon.

Cavaliés, Avoc.

ÉPIGRAMME.

DEux Bernardins de diverſes Provinces,
De leurs Couvents faiſoient deſcription.
Chez nous, dit l'un, Moines vivent en Princes;
Cave & Cuiſine ont à diſcrétion;

Item, Nonains, avec permiſſion
De les baiſer quatre fois la journée.
Quatre! parbleu, c'eſt pitance bornée,
Dit l'autre Moine: on nous le permet huit.
Cinq le matin, & trois l'après-dînée;
Et ſi j'enrage encor toute la nuit.

Rouſſeau.

AUTRE.

UN Compagnon diſoit ſa ratelée
A certain Carme, & s'accuſoit à Dieu,
D'avoir donné trente fois l'accolée
A ſon amie, en même jour & lieu.
Le Moine dit: trente fois vertudieu!
Oui, dit le gars par la vertu ſecrete
D'une racine. Ami, dit le Billette,
A tout pécheur Dieu fait rémiſſion:
Or baille-moi ta joyeuſe recette
Et te promets mon abſolution.

Le même.

AUTRE.

UNe Novice accuſoit un Curé
A ſon Prélat d'avoir cueilli ſa roſe.
Avez-vous là, lui dit l'homme ſacré,

Quelque témoin qui contre lui dépose!
Las! Monseigneur, sa cellule étoit close,
Et ne voulois crier, tant j'avois peur,
De réveiller l'Abbesse qui repose
Toutes les nuits avec le Promoteur.

Le même.

CONTE.
LE CHAPELIER.

EN Avignon étoit un Chapelier
Des mieux tournés, & plus beau cavalier,
Qu'on ne peint le Dieu de la guerre;
En le voyant, femme ne tardoit guere
A se prendre en si beau lien;
Une Comtesse en devint amoureuse,
Elle souhaita d'être heureuse;
Ce qui lui fit employer ce moyen.
Elle envoya chercher Montagne;
Sous mine de faire un chapeau
A son mari, le Comte d'Oripeau,
Qui pour lors étoit en campagne;
L'Adonis n'étoit pas si novice en ce point,
Qu'il ne jugeât fort bien que l'aventure
Simplement n'aboutiroit point
A prendre d'un chapeau la burlesque mesure;
Aussi, dès qu'il eut vu parler
Les yeux mourans de la Comtesse,

Il crut qu'au fait il pourroit droit aller
Sans blesser sa délicatesse;
Parquoi tirant du bosquet de Paphos
Ce Dieu que dédaignoit Saphos
Il l'offre aux regards de la belle;
Le compagnon lui plût si fort,
Qu'elle voulut en orner sa chapelle.
La galante n'avoit pas tort;
Le compagnon étant de taille énorme,
Foula comme il faut le Castor,
La Comtesse fourni la coiffe avec la forme,
Moyennant quoi le mari fut coiffé
D'un Castor fort bien étoffé.
Quoi! c'est-là tout le stratagême,
Dit un Valet voyant le drôle à l'attelier?
Ma foi sans être Chapelier
J'aurois coiffé Monsieur de même.

Grécourt.

LE CADENAT.

JE triomphois; l'amour étoit le maître,
Et je touchois à ces momens trop courts
De mon bonheur & du vôtre peut-être;
Mais un Tiran veut troubler nos beaux jours;
C'est votre Époux; Geolier sexagenaire,
Il a fermé le libre Sanctuaire,

De vos appas; & trompant nos desirs
Il tient la clef du séjour des plaisirs.
Pour éclaircir ce douleureux mistere
D'un peu plus haut reprenons cette affaire.

Vous connoissez la Déesse *Cérès*.
Or, en son temps *Cérès* eut une fille,
Semblable à vous, à vos scrupules près,
Brune, piquante, honneur de sa famille,
Tendre sur-tout, & menant à sa cour
L'aveugle enfant que l'on appelle Amour.
Un autre aveugle, hélas! bien moins aimable,
Le triste Hymen la traita comme vous.
Le vieux *Pluton*, riche autant qu'haïssable,
Dans les Enfers fut son indigne Epoux:
Il étoit Dieu, mais avare & jaloux;
Il fut Cocu; car c'étoit la justice.
Pirrithous, son fortuné rival,
Beau, jeune, adroit, complaisant, libéral,
Au Dieu *Pluton* donna le bénéfice
De Cocuage. Or ne demandez pas
Comment un homme avant sa derniere heure
Peut pénétrer dans la sombre demeure.
Cet homme aimoit, l'amour guida ses pas:
Mais aux Enfers, comme aux lieux où vous êtes,
Voyez qu'il est peu d'intrigues secretes!
De sa chaudiere un traître d'espion

Vit le grand cas, & dit tout à *Pluton*;
Il ajouta, que même à la ſourdine
Plus d'un damné, lui f.... *Proſerpine.*
Ce Dieu cornu, dans ſon noir Tribunal,
Fit convoquer ſon Sénat infernal;
Il aſſembla les deteſtables Ames
De tous ſes Sains dévolus aux Enfers,
Qui dès long-temps en cocuage experts,
Pendant leur vie ont tourmenté leurs femmes.
Un Florentin lui dit: Frere & Seigneur,
Pour détourner la maligne influence
Dont votre Alteſſe a fait l'expérience,
Tuer ſa Dame eſt toujours le meilleur.
Mais, las, Seigneur! la vôtre eſt immortelle.
Je voudrois donc pour votre ſûreté,
Qu'un Cadenat de ſtructure nouvelle
Fût le garant de ſa fidélité:
A la vertu par la force aſſervie,
Lors vos plaiſirs borneront ſon envie,
Plus ne ſera d'amant favoriſé,
Et plût aux Dieux que quand j'étois en vie
D'un tel ſecret je me fuſſe aviſé!
A ce diſcours les Damnés applaudirent,
Et ſur l'airain les Parques l'écrivirent.
En un moment, feux, enclumes, fourneaux,
Sont préparés aux gouffres infernaux.
Tiſiphone, de ces lieux ſerruriere,

Au Cadenat met la main la premiere :
Elle l'acheve, & des mains de *Pluton*
Proſerpine reçut ce triſte don.
On m'a conté qu'eſſayant ſon ouvrage
Le cruel Dieu fut ému de pitié,
Qu'avec tendreſſe il dit à ſa moitié :
Que je vous plains ! vous allez être ſage.

Or ce ſecret aux Enfers inventé,
Chez les humains tôt après fut porté ;
Et depuis ce, dans Veniſe & dans Rome,
Il n'eſt Pédant, Bourgeois, ni Gentilhomme,
Qui pour garder l'honneur de ſa maiſon,
De Cadenats n'ait ſa proviſion.
Là tout jaloux, ſans craindre qu'on le blâme,
Tient ſous la clef la vertu de ſa femme.
Or votre Époux dans Rome a fréquenté ;
Chez les méchans on ſe gâte ſans peine,
Et le Galant vit fort à la Romaine.
Mais ſon tréſor eſt-il en ſûreté ?
A ſes projets l'amour ſera funeſte ;
Ce Dieu charmant ſera notre vengeur,
Car vous m'aimez, & quand on a le cœur
De femme honnête, en a bientôt le reſte.

Voltaire.

ÉPIGRAMME.

UN Cordelier prêchoit ſur l'adultere,
Et s'échauffoit, le Moine en ſon harnois,
A démontrer par maint bon Commentaire
Que ce péché bleſſe toutes les Loix.
Oui, mes enfans, dit-il, hauſſant la voix,
J'aimerois mieux pour le bien de mon ame,
Avoir à faire à dix filles par mois,
Que d'exploiter en dix ans une femme.

Rouſſeau.

JOUISSANCE.

AMour qu'injuſtement j'ai blâmé ton empire!
Des maux que j'ai ſoufferts, ai-je dû m'offenſer,
Quand tu viens de récompenſer
D'un moment de plaiſir un ſiécle de martyre?
J'ai fléchi mon Iris après de longs ſoupirs;
Ce cher objet de mes deſirs,
Cette inſenſible Iris, cette Iris ſi farouche,
Dans mille ardens baiſers vient de plonger mes feux,
Pour goûter à longs traits ce nectar amoureux,
Mon ame toute entiere a volé ſur ma bouche.
J'ai ſavouré la fraîcheur
De ſes levrès demi-cloſes.

Sa bouche avoit la couleur,
Son haleine avoit l'odeur
Et le doux parfum des roses.
Je ressentis alors une douce langueur
S'emparer de mes sens & couler dans mon cœur.
D'amour & de plaisirs nos yeux étincellerent,
Mon cœur en tressaillit, nos esprits s'allumerent,
Et livrés l'un & l'autre à nos emportemens,
Nous cherchâmes le sort des plus heureux amans;
Sans voix, sans mouvement mon Iris éperdue
Laissoit mille beautés en proye à mon ardeur;
Comme elle oublioit sa rigueur,
J'oubliai lors ma retenue,
Et je me souvins seulement
Que dans ce bienheureux moment,
Par un excès d'ardeur nos forces suspendues,
Nos corps entrelassés, nos ames confondues,
Nous ont laissé livrés aux plaisirs les plus doux,
Inconnus aux mortels moins amoureux que nous.

L'Abbé de Chaulieu.

ÉPIGRAMME.

UN Doctrinaire officieux,
Sur ses genoux chatouilloit une Abesse,
Et tôt après ce bon luxurieux

En pamoiſon fit tomber la Prêtreſſe.
Lors profitant du moment de foibleſſe,
Il lui gliſſa ſon fringant aiguillon;
Otez-moi donc cela, Monſieur le Moinillon,
Dit la Nonain: à quoi le bon apôtre
Lui répartit: point tant d'émotion;
Penez toujours, ce doigt-ci vaut bien l'autre.

AUTRE.

MAître *Goudon*, auſſi laid que le Diable,
Fait des enfans auſſi beaux que l'Amour;
Sur quoi certaine Dame aimable
Lui demandoit un jour:
Comment cela ſe peut? c'eſt, dit le perſonnage,
Que je n'en fais jamais avec mon laid viſage.

AUTRE.

DE Vénus aux belles feſſes,
Du Dieu Bacchus, du Dieu Mars,
Vendôme dès ſa jeuneſſe
A ſuivi les étendarts;
Vénus quelquefois friponne,
Reſpecta peu ſa perſonne
Et Bacchus l'enivra; mais

Mars ne lui manqua jamais.

Chaulieu.

AUTRE.

CAire pouſſé d'amour folâtre
Regardoit à ſon aiſe un jour
Les jambes plus blanches qu'albâtre,
De Roſe objet de ſon amour;
Tantôt il s'adreſſe à la gauche,
Tantôt la droite le débauche;
Je ne ſçai plus, dit-il, laquelle regarder,
Une égale beauté fait un combat entr'elles:
Ah! dit Roſe, ami ſans plus tarder,
Mettez-vous entre-deux pour finir leurs querelles.

LE RAJEUNISSEMENT INUTILE.

L'Aimable Déité que l'Orient adore,
Qui préſide au matin*, que ſuivent les Zéphirs.
Le croiroit-on? La jeune Aurore,
Du tendre Amour long-temps ignora les plaiſirs;
Mais ſur la terre enfin du milieu de la nuë,
Allumant dans ſon cœur une flâme inconuë,
Par un mortel charmant ſes regards attirés,
Momens perdus, combien fûtes-vous réparés!

Toute entiere à l'amour, quelle douleur profonde,
Lorſqu'au matin il fallut un moment
Remonter dans ſon char pour annoncer au monde
Des beaux jours qui n'étoient offerts qu'à ſon amant !
O jours délicieux ! plaiſirs inexprimables !
Ne pourriez-vous être durables ?
Tithon étoit mortel, hélas! & ſes beaux ans
N'étoient point affranchis des outrages du tems,
Il fallut y céder, la peſante vieilleſſe
Dans les bras de l'Aurore oſe enfin le ſaiſir,
Injuſtice du ſort ! d'où vient que ce plaiſir
N'éterniſe pas ta jeuneſſe ?
Eh ! quoi, l'âge a glacé ce que j'aime le mieux,
Diſoit l'Aurore aux pleurs abandonnée ;
Quel remede à ſes maux ? Elle s'envole aux Cieux,
Jupin fléchit la deſtinée ;
Pour mon amant je t'implore aujourd'hui.
Ah, quel amant je poſſédois en lui,
Tout ce qui flatte un cœur ; de la Parque cruelle
Fais qu'il ſoit toujours reſpecté
Dans une jeuneſſe éternelle.
Eh ! qui peut mieux conduire à l'immortalité
Que d'être charmant & fidéle !
Ma fille, je ſens vos douleurs,
Dit le maître des Dieux, les beaux yeux de l'Aurore
Ne doivent verſer que ces pleurs ;

Enfant du doux plaiſir & l'ornement de Flore,
Rendez le calme à vos eſprits ,

Le printemps de Thiton va revenir encore ,
Je le fais immortel , mais ſachez à quel prix ,
Le deſtin a parlé , telle eſt la Loi ſévere :
Déeſſe , chaque fois que Tithon obtiendra
De votre amour la preuve la plus chere ,
D'un luſtre tout d'un coup cet amant vieillira ;
Ainſi de luſtre en luſtre abrégeant ſa carriere ,
Sa jeuneſſe s'éclipſera.

Thiton eſt immortel , grand Dieu je vous rends grace ,
S'écria-t-elle , embraſſant ſes genoux ,
Ce que j'aime vivra , mon ſort eſt aſſez doux ,
Elle dit , & des airs ſon char franchit l'eſpace ,
Son cœur céde au Deſtin , non ſans quelques regrets.

Quoi ! d'éternels refus vont être déſormais ,
De l'amour que je ſens le plus fidéle gage ,
Tu dois , mon cher Tithon , m'en aimer davantage ,
Tes beaux jours ſeront mes bienfaits ,
Je ſçaurai malgré toi commencer mon ouvrage ;
Elle le croit ainſi : Je ne ſçai quel préſage
Me fait trembler pour le ſuccès.

O vous dont les crayons voluptueux & ſages

Des misteres secrets des plus tendres amours,
Tracent modestement les plus vives images,
C'est à votre art divin, Muses, que j'ai recours;
Titon va recouvrer l'éclat de ses beaux jours,
Il aime, il est aimé : quels transports vont renaître
O Muse, hélas! dans un instant peut-être
J'aurai besoin de tout votre secours;
Déja la char porté d'une vîtesse extrême,
A ramené l'Aurore auprès de ce qu'elle aime.

A ses premiers regards, changement fortuné!
Des ans qui l'accabloient il n'a plus la foiblesse,
Que dis-je? cet amant à quinze ans ramené,
Brûle de nouveaux feux, transporté d'allégresse,
Reprend les agrémens que l'âge avoit ternis.
Quel retour? quel moment pour deux cœurs bien unis!
Il tombe à ses genoux, vainement la Déesse
Sur le sort qu'il attend voudroit le prévenir;
Un oracle... écoutez... elle ne peut finir,
Par cent mille baisers il l'interrompt sans cesse,
Et comment résister long-tems?
Quand le cœur est d'intelligence
L'amour, le tendre amour, emporte la balance;
Tithon obtient un lustre, & se trouve à vingt ans;
Peut-etre qu'à présent vous daignerez m'entendre,
Dit enfin la Déesse, empressement trop tendre!

N'y ſongeons plus ; alors du ſevére Deſtin
Elle lui déclara l'Oracle trop certain.

Dieux ! s'écria Tithon, quelle loi rigoureuſe?
Quoi ! vainement je me verrois aimé
De l'objet le plus beau que l'amour ait formé ?
Non, je conſens plutôt qu'une vieilleſſe affreuſe...
Tithon, que dites-vous ? vous me faites trembler,
Quoi ? d'un ſi triſte hyver la langueur douloureuſe
Affoibliroit cette flâme amoureuſe,
Dont votre cœur recommence à brûler ?
Quand les ſombres chagrins viendroient vous accabler,
Je pourrois m'imputer.... non j'y ſuis réſolue,
L'amour vous laiſſe encor ſes plus ſenſibles biens,
Nous paſſerons les jours dans ces doux entretiens,
Où l'ame avec tranſport ſe montre toute nuë;
Nous aurons ces ſoupirs, ces aveux, ces ſermens,
Tant de fois répétés & toujours plus charmans,
Aſſez heureux de plaire, exempts d'inquiétude
Nous nous verrons toujours, nous ne ferons qu'aimer.

Ah ! quel bien vaut la certitude,
D'inſpirer tout l'amour dont on ſe ſent charmer?
Ainſi, mais vainement, parla la jeune Aurore,
Le dangereux amour, avec malignité,
Aux yeux de ſon amant la rend plus belle encore;

Et

Et déja dans ſon cœur Tithon a concerté
L'ingénieux ſecret de fléchir la Déeſſe.

Vous m'aimerez toujours , dit-il , votre tendreſſe
Remplira ma félicité ;
Mais quand vous ne craignez pour moi que la vieilleſſe ,
Mon cœur plus délicat prévoit les plus grands maux ;
Car enfin ſi le ſort qui me rend la jeuneſſe
M'en avoit donné les défauts ;
S'il me forçoit d'être volage ,
Votre beauté vous répond de mon cœur :
Mais je n'ai que vingt ans , à ce dangereux âge
De la conſtance , hélas ! connoît-on le bonheur ?
Aſſurons , croyez-moi , le ſort de notre flâme ,
Je le ſens bien , un luſtre à mon âge ajouté ,
Suffira pour bannir à jamais de mon ame
Ces goûts capricieux , cette legéreté
Que la jeuneſſe embraſſe avec tant d'imprudence.
Eh ! quoi voudriez-vous , charmante Déité ,
Faute d'un peu de prévoyance
Expoſer ma fidélité ?

O divine raiſon , que ta voix eſt puiſſante ,
La Déeſſe ſe rend , & comment réſiſter ?
Déja ſon ame impatiente
De ſes conſeils brûle de profiter.

Que leur pouvoir eſt doux ! l'amoureuſe Déeſſe
Ne cherche, ne reſſent que cette tendre yvreſſe
Qui la rend toute à ſon amant :
Quel bonheur de combler les vœux de ce qu'on aime,
Quand on croit ce bonheur même
Se l'attacher plus fortement !
Que j'aime à voir Tithon ! avec combien de zèle
Il ſe livre au plaiſir qui le rendra fidéle.
D'un amour délicat dignes emportemens !
Dans l'eſpoir d'acquérir une foi plus conſtante,
Il profite ſi bien de ces heureux momens,
Que de vingt ans il paſſe juſqu'à trente.

Eh! bien tendres amans, vous voilà raſſurés,
Vos cœurs ſont pour jamais l'un à l'autre livrés,
Vos vœux ſons-ils remplis ? hélas ! peuvent-ils l'être ?
D'un bonheur qu'on n'a point goûté,
On ſe prive aiſément, mais en eſt-on le maître
Lorſqu'on en a ſenti toute la volupté ?
Bientôt les craintes diſparoiſſent,
Les deſirs plus ardens renaiſſent,
Après mille combats, à céder quelquefois
La ſeule pitié l'autoriſe.

C'eſt par excès d'amour qu'à l'ombre de ce bois
La Déeſſe ſe rend, ici c'eſt par ſurpriſe,

L'Amour couvrant les yeux de voiles séduiſans
Semble éloigner leur deſtinée,
Tithon ainſi dans la même journée
Se trouve à quatre-vingts ans.

La Déeſſe eſt en pleurs : ſéchez, dit-il, vos larmes,
J'ai vu de mon printems évanouir les charmes,
J'en regrette la perte & ne m'en repend pas ;
Ce que j'eux de beaux jours, du moins charmante Aurore,
Je les ai paſſés dans vos bras.
Rendez-les moi, Grand Dieu, pour les reperdre encore.
Ainſi vieillit Tithon, quelle injuſtice, hélas !
D'acquérir ainſi la vieilleſſe !
Et comment, quand on plaît, contraindre ſes deſirs !
Otez-en de ſi doux plaiſirs,
Je donne pour rien la jeuneſſe.

Par Moncrif.

ÉPIGRAMME.

DAns un verger *Candel* avec Nicole,
Pour n'être pris tandis qu'il exploitoit,
Contre un pommier tout de bout la bricole,
Si que chacun de ſon côté guétoit.

Or dans le temps que plus il la pointoit,
Nicole pâme, & lors toute éperdue,
Dit à *Caddel* qui toujours rabotoit,
Guéte tout ſeul, car j'ai perdu la vue.

AUTRE.

D'Où vient, diſoit un jour *Malzac* à ſa donzelle,
Qu'en amour vous goûtez plus de plaiſir que nous,
Et que c'eſt nous pourtant qui courons après vous?
Il eſt bien aiſé, ſe dit-elle,
D'en deviner la cauſe, on la voit tous les jours.
Hé! pauvres dupes que vous êtes,
C'eſt que nous ſommes toujours prêtes
Et vous ne l'êtes pas toujours.

SONNET.

LA FEMME ADULTERE.

LE Prophête cornu fit une Loi ſevére
Qui vange les Cocus, & flatte les Jaloux,
Puiſqu'il veut qu'on lapide une femme adultere;
Conſultons un Légiſte & plus ſage & plus doux.

Ce ſera le Sauveur .... puiſqu'en pareille affaire
Il appaiſa les Juifs & détourna les coups:

Lapidez, leur dit-il, celle qu'on vous défére,
Mais que le premier coup soit d'un Juste entre vous.
Il sçavoit qu'en amour la faute est si commune,
Qu'il faudroit lapider & la blonde & la brune,
Mais il étoit venu pour sauver les pécheurs.

Juges, quittez la Loi, & suivez l'Evangile,
Si l'Astre dominant fait la Belle fragile,
Que l'Epoux soit Moyse, & soyez des Sauveurs.

ÉPIGRAMME.

AUr... sollicitoit la charmante *Milhot*
De la faveur que plus on prise;
Mais elle avec un ton dévot
Lui dit, craignant d'être surprise,
Qui, moi vouloir d'un Huguenot,
D'un ennemi de notre Eglise!

Aur.... depuis se convertit,
Dit qu'il n'étoit plus hérétique,
Et la belle Milhot voulut qu'il la f....
Tant elle est bonne Catholique.

LA CONFESSION.

UN Pénitent s'accusoit l'autre jour
De trop vâquer à certain exercice,
Que dans le monde on nomme jeu d'amour

Et qu'à confesse on nomme un très-grand vice.
Le Confesseur lui dit : ce funeste penchant
Au feu d'Enfer vous va précipitant ;
Détruisez-en l'habitude maudite,
Plus on le fait, plus l'aiguillon s'excite,
Vous le sçavez. C'est par nécessité
Que je le fais, dit l'autre, on s'éclaircit la vue
Par ce moyen. Ah ! que vous êtes gruë,
Dit le Pater, d'un grand zèle emporté.
Ne voyez-vous donc pas que de vous on se raille ?
S'il étoit vrai, mon fils, en vérité,
Je vous verrois à travers la muraille.

L'Abbé de Grécourt.

ÉPIGRAMME.

UN Médecin s'accusoit d'avoir fait
De sa Vénus un petit Ganimede.
Le Confesseur lui dit : ah ! bouc infect,
Tison d'enfer, quel Démon te possède ?
Pourquoi trouvant un innocent remède
Contre la chair, te damner pour si peu ?
L'autre répond, qu'il a lu que ce jeu
Rend l'œil plus clair, les visières plus nettes.
Hé ! gros butor, reprit le moine en feu,
S'il étoit vrai, porterois-je lunettes ?

Rousseau.

AUTRE.

L'AVEU INGENU.

Un jour que Madame dormoit
Monſieur f...... la Chambriere;
Mais elle qui la danſe aimoit,
Remuoit fort bien le derriere.
Lors la ſervante trop altiere,
Lui dit : Monſieur, par votre foi,
Dites qui le fait mieux de Madame ou de moi;
C'eſt toi, dit-il, ſans contredit;
Vraiment, dit-elle, je le crois,
Car tout le monde me le dit.

L'OCCASION PERDUE RECOUVRÉE,

Ou les Amours de Liſandre.

I.

Un jour le malheureux Liſandre
Pouſſé d'un amour indiſcret,
Attaquoit Cloris en ſecret
Qui ne pouvoit plus ſe défendre.
Tout favoriſoit ſon amour;
L'Aſtre qui nous donne le jour
Alloit porter ſes feux dans l'onde,
Et cet ennemi de Cypris

Ne laissoit de lumiere au monde
Que dans les beaux yeux de Cloris.

2.

Avec un amoureux silence,
Dans un secret appartement,
Elle supporte doucement
Son amour & sa violence.
Ses bras qu'elle veut avancer
Ne servent à le repousser
Que pour l'attirer davantage:
Elle le souffre à ses genoux,
Et n'a seulement pas courage
De lui dire : *Que faites-vous ?*

3.

Avec un air doux & sévére
Elle regarde son Amant,
Et lui montre confusément
De l'amour & de la colere.
Lisandre, dit-elle tout bas,
Je crierai, car ne pensez pas
Que je contente votre envie;
Cessez d'attaquer mon honneur,
Ou commencez d'avoir ma vie
Comme vous avez eu mon cœur.

4.

Mais Lisandre aussi peu timide
Qu'il étoit beaucoup amoureux,
Imprime l'ardeur de ses feux

Sur les bords de ſa bouche humide.
Il gliſſa ſa brûlante main
Sur la neige de ſon beau ſein,
Dont il prétend fondre la glace;
Et la tenant entre ſes bras
Il oſe porter ſon audace
Sur un lieu plus ſaint & plus bas.

5.

Là ſans reſpect & ſans relâche
Il cherche l'objet de ſes vœux,
Et trouve ce lieu bienheureux
Deſſous la juppe qui le cache.
De ſes doigts tremblans & hardis
Il prend le ſombre Paradis
Qui donne l'enfer à nos ames,
Ce trône vivant de l'amour,
Où parmi les feux & les flâmes
On ne trouva jamais le jour.

6.

Attachés bouche contre bouche,
L'un & l'autre étroitement pris,
Il ébranla ſi bien Cloris
Qu'il la jetta ſur une couche.
Alors avec des yeux roulans,
Demi vifs & demi mourans,
Elle feignit d'être pâmée,
Et dans un ſi prompt changement,

Ne parut plus être animée
Que par des ſoupirs ſeulement.

7.

A voir ſa Gorge toute nuë,
Son Corps tout du long étendu,
On jugeoit qu'elle avoit perdu
La pudeur & la retenue.
Que ſa conſtance étoit à bout,
Que ſon Liſandre pouvoit tout,
Et qu'elle l'eût laiſſé tout faire;
Mais par un accident fâcheux
Que je dis & qui doit ſe taire,
Il ne ſe paſſa rien entr'eux.

8.

Près de goûter mille délices,
Ce triſte & malheureux Amant,
Vit changer ſon contentement
En de très-rigoureux ſupplices;
Il étoit couché ſur Cloris;
Lorſqu'il demeura tout ſurpris
D'une infortune ſans ſeconde,
Et que pour le comble d'ennui,
Ce qui donne la vie au monde,
Demeura froid & mort en lui.

9.

Cet Arc-boutant de la nature,
Ce principe du mouvement,

Immobile & ſans ſentiment
Perd ſa vigueur & ſa figure ?
Liſandre a beau ſe tourmenter,
Il a beau ſe ſolliciter,
Et lui préparer des amorces ;
Ce lâche qu'il excite en vain ;
Au lieu de reprendre ſes forces
Pleure mollement dans ſa main.

10.

Dans cette cruelle avanture,
Triſte, déſeſperé, confus,
Ce pauvre Amant ne ſonge plus
Qu'à renoncer à ſa nature.
Dans la fureur de ſes tranſports,
Craignant que malgré ſes efforts
On ne l'accuſe d'impuiſſance,
Il prend par un air languiſſant
Des Témoins de ſon innocence
Sur le crime auquel il conſent.

11.

Cependant Cloris revenue
De ſon feint aſſoupiſſement,
Porte les deux mains promptement
Deſſus ſa cuiſſe toute nue.
Là par deſſein ou par hazard
Elle empeigna ce Dieu camard,
Ce chaud Priape de la Fable ;
Mais le ſentant froid & rempant,

Elle crut que c'étoit un Diable
Sous la figure d'un Serpent.

12.

Jamais une jeune Bergere
Ne retira plus promptement
Sa main qui trouve innocemment
Un Aspic dessous la fougere.
Que Cloris fit sa belle main
Sur ce membre vil, lâche, & vain
Quelle trouva dessous sa robe,
Lorsqu'avec un juste dépit
Elle se leve & se dérobe,
Des bras de Lisandre, & du lit.

13.

Dans la colere qui l'emporte
Elle pousse ce pauvre Amant,
Et sans l'écouter seulement
Se dispose à gagner la porte;
Alors Lisandre à ses genoux,
Lui dit: Cloris, que faites-vous?
Ah! du moins écoutez mes plaintes,
Et regardez dans mon malheur
Toutes les plus vives atteintes
De l'amour & de la douleur.

14.

Ma chere Cloris, je vous aime
Plus que les délices des Cieux,

Plus que les hommes & Dieux,
Et mille fois plus que moi-même
Je brûle d'une vive ardeur;
Et cette nouvelle froideur
Ne doit pas vous paroître étrange;
Je sçais bien comme il faut aimer;
Mais pour m'ôter des bras d'un Ange
Un Diable eſt venu me charmer.

15.

Quelque ennemi de la nature
Trouble mes ſens & ma raiſon;
Et de ſon funeſte poiſon
Souille une flâme toute pure.
Peut-être auſſi ſont-ce les Dieux,
Qui ſe voyant moins glorieux,
M'ont voulu rendre miſérable;
Mais que dis-je? Ils ſont innocens,
Cloris toute ſeule eſt coupable,
Elle ſeule a charmé mes ſens.

16.

C'eſt ſa beauté qui dans mon ame
A joint le reſpect à l'amour;
C'eſt ſon œil plus beau que le jour
Qui fit naître & mourir ma flâme:
Heureux dans ma captivité,
Si j'oſois avec liberté
Jouir d'une grace imprévue,

Et de tous mes ſens tranſportés,
Je n'y réſerve que la vue
Pour admirer tant de beautés.

17.

Quoiqu'il en ſoit, mon adorable,
Avant que vous quittiez ces lieux,
Souffrez que je perce à vos yeux
Un cœur fidele & miſérable;
Je veux expier en mourant
Un crime ſi noir & ſi grand,
Qui choque la nature même,
Et que pour vanger vos appas
Ma mort vous témoigne que j'aime,
Si mes ſoupirs ne le font pas.

18.

Il alloit parler davantage
Pour exprimer ſon déſeſpoir,
Et peut-être qu'il eût fait voir
De ſanglants effets de ſa rage;
Lorſque l'arrêtant par le bras,
Cloris lui dit : ne parlez pas,
J'entends quelqu'un qui ſe promene,
Et je vois avec un grand bruit
Porter dans la chambre prochaine
Les ſombres flambeaux de la nuit.

19.

Soudain une voix entendue

Redoubla ſon étonnement,
Et lui fit dire promptement:
Cher Lyſandre je ſuis perdue!
Ha! ceſſez de me retenir,
C'eſt mon mari qui va venir,
Je l'entends, il eſt à la porte;
Il faut toujours craindre un jaloux,
Et vous dont la vigueur eſt morte,
Comment lui réſiſterez-vous?

20.

Lors cette belle tranſportée
D'amour, de crainte & de ſouci,
Mena notre amoureux tranſi
Près d'une fénêtre écartée:
Là, ſans beaucoup de compliment
Il ſe gliſſa légérement
Et deſcendit dedans la rue,
Où preſſé d'un mortel ennui,
Il fit long-tems le pied de grue,
Et puis ſe retira chez lui.

21.

Frappé de la funeſte envie
Qui fait la honte & le remords,
Il ſouffrit plus de mille morts,
Du dernier malheur de ſa vie.
Quoiqu'alors les jours fuſſent grands,
Cette nuit lui dura mille ans,

Il ne peut fermer la paupiere;
Sur le point du jour seulement,
Honteux de revoir la lumiere,
Il la ferma languissament.

22.

Le Soleil qui chasse les ombres
Et toutes les horreurs des nuits,
Loin de dissiper ses ennuis,
Les rendit plus noirs & plus sombres.
Quand il vit ce pere du jour,
Il crut par un excès d'amour,
Voir de Cloris la vive image;
Mais il connut dans un moment,
Comme Ixion sur le nuage,
Que son amour n'étoit que vent.

23.

Après mille secretes gênes,
Cet Amant par un digne effort,
Résolut de chercher la mort,
Ou bien le remede à ses peines.
Ha! je ne crains plus mon malheur,
Je mourrai, dit-il, de douleur,
Ou je réparerai ma gloire,
Et quoiqu'il en soit dans ce jour,
Je remporterai la victoire
Ou de la Mort ou de l'Amour.

24.

Le bouillant desir qui le presse
Fait que d'abord après dîner
Il sort, & va se promener
Près du logis de sa maîtresse;
A peine y fut-il un moment
Qu'il en vit sortir Dorimant,
Le vieux Mari de cette Belle;
Et se glissant dans sa maison,
Il alla chercher auprès d'elle,
Ou sa mort, ou sa guérison.

25.

Par une secrette avenue
Il fut dans son appartement,
Et la trouva nonchalament
Dormant sur son lit étendue.
Mais Dieux! que devint-il alors?
Qu'en approchant de ce beau corps,
Il eut des mouvemens étranges;
Lorsqu'une cuisse à découvert
Lui fit voir la beauté des Anges,
Et le Ciel de l'Amour ouvert.

26.

Dans cette agréable surprise,
Où Cloris n'avoit pas songé,
Elle avoit assez mal rangé
Et ses jupons & sa chemise.

Lisandre aussi trop curieux
Vit lors les délices des Dieux,
La peine & le plaisir des hommes,
Notre tombe & notre berceau,
Ce qui nous fait ce que nous sommes,
Et ce qui nous brûle dans l'eau.

27.

Nid branlant qui nous sert de mue,
Asyle où l'on est en danger,
Racourci qui fais allonger
La chose la moins étendue.
Fort qui se donne & qui se prend,
Œil ouvert qui ris en pleurant,
Belor, beau corail, belle yvoire,
Doux canal de vie & de mort,
Où pour acquérir de la gloire
On fait naufrage dans le port.

28.

Petit trésor de la nature
Étroite & charmante prison,
Doux tyran de notre raison,
Vivifiante Sépulture;
Autel que l'on sert à genoux,
Dont l'offrande est le sang de tous,
Sangsue avide & libérale,
Roi de la honte & de l'honneur,

Permettez que ma plume étale
Ce que Lisandre eut de bonheur.

29.

Beau composé, belle partie,
Je sçai bien que lorsqu'il vous vit
Il n'observa dessus ce lit
Ni l'honneur, ni la modestie.
Mais d'amour & de charité,
Il couvrit votre nudité
Pour faire évaporer sa flâme,
Et savoura tous les plaisirs
Que le corps fait sentir à l'ame
Dans le transport de nos desirs.

30.

Ce beau Dedale qu'il contemple
Avec des yeux éteincellans,
Fait naître & couler dans ses sens
Une ardeur qui n'a point d'exemple.
Le feu qui consume son cœur,
Porte par-tout sa vive ardeur,
Et brille enfin sur son visage;
Et ce lâche de l'autre jour
Se roidissant d'un fier courage,
Écume du feu de l'amour.

31.

Plein d'ardeur, d'audace & de joie,
De remporter un si beau prix.

gaimant fauta fur Cloris
Comme un Faucon deſſus ſa proye.
Quand cette belle ouvrant les yeux,
Vit Liſandre victorieux
Forcer ſes défenſes ſecretes,
Et la tenant par les deux bras,
Entrer tout fier de ſes conquetes
En un lieu qu'on ne nomme pas.....

32.

Tandis que Cloris ſe tourmente
Par des doux & puiſſants efforts,
Et qu'elle agite tout ſon corps
Pour ſauver ſa vertu mourante;
Son heureux Liſandre aux abois
Roule les yeux, & perd la voix;
L'amour fait écouler ſon ame,
Elle eſt toute prête à partir;
Il s'étend, il dort, il ſe pâme,
Et ne ſent rien pour trop ſentir.

33.

D'abord que ſon ame ravie
De l'excès d'un plaiſir ſi grand,
Eut par un ſoupir tout brûlant
Donné des ſignes de ſa vie,
Cloris avec ſa belle main
Ota la bouche de ſon ſein
Où ſon Amant l'avoit collée,

Et se déchargeant peu à peu,
Honteuse de se voir mouillée
Essuya l'eau qui naît du feu.

34.

Après une colere feinte
De tout ce qui s'étoit passé,
Un reste d'honneur offensé
Porta Cloris à cette plainte :
Ha! dit-elle, c'est fait de moi,
J'ai faussé l'honneur de ma foi,
Vous me perdez, cruel Lisandre,
Faut-il que malgré mon devoir
J'aye en un moment laissé prendre
Ce qu'on ne peut jamais ravoir.

35.

Mais si pour une faute extrême
On peut trouver quelque couleur,
Je puis dire dans mon malheur
Que j'ai failli parce que j'aime.
Amour, ce maître impérieux,
Force les Hommes & les Dieux,
Brûle jusqu'aux poissons dans l'onde,
Nul ne peut éviter ses coups,
Et puisque tout aime en ce monde,
Je puis brûler d'amour pour vous.

36.

C'est avec raison que mon ame

Reçoit l'amour d'un Favori ;
Ces noms de *Vieux* & de *Mari*
Font l'horreur d'une jeune femme :
Les Maris, ces lâches Tirans,
Ne se sont faits nos conquérans
Que contre le droit de nature,
Et c'est en pratiquer la loi,
D'aller chercher la nourriture
Que l'on ne trouve pas chez soi.

37.

Mais les hommes sont infidéles,
Ils n'aiment jamais plus d'un jour,
Et souvent de tout leur amour
Ils ne retiennent que les aîles.
Esclaves de la liberté,
Ils font voir leur légéreté
Dans leur geste, ou dans leur langage,
Et par un plaisir indiscret,
Ces oiseaux sortant de la cage
Vont conter tout ce qu'ils ont fait.

38.

Trop juste & trop aimé Lisandre,
S'il en étoit ainsi de vous,
Je percerois de mille coups
Ce cœur qui s'est laissé surprendre.
J'ai tout perdu pour vous gagner,
Voudriez-vous pour me ruiner

Evanter ma ſecrete flâme !
Et tirerez-vous vanité
De la foibleſſe d'une femme,
Et de votre légéreté?

39.

Ha ! que plutôt la mort m'avienne,
Cria Liſandre à ce diſcours,
Dont pour interrompre le cours
Il mit ſa bouche ſur la ſienne;
L'élevant de terre, il la prit,
Et la coucha deſſus le lit,
Où je ne ſçai pas ce qu'ils firent,
Je crois bien qu'ils firent cela....
Puiſque les Amours qui les virent
M'ont dit que le lit en trembla.

40.

Ce fut alors qu'ils ſe pâmerent
De l'excès des contentemens,
Que cinq ou ſix fois ces Amans
Moururent & reſſuſciterent;
Que bouche à bouche, corps à corps,
Tantôt vivans & tantôt morts
Leurs belles ames ſe toucherent,
Et que par d'agréables coups
Leurs beaux corps ſe communiquerent
Tout ce que l'amour a de doux.

Muſes, n'échauffez plus ma vaine,
De grace arrêtez-vous un peu,
Vous m'inſpirez un autre feu
Que celui de votre Fontaine.
Je ne ſçai quoi dedans mon cœur
Se gliſſe avec tant de douceur
Que je ſuis forcé de me rendre.
Ah! Françon quand je m'en ſouviens
Je m'imagine être Liſandre,
Et me ſemble que je vous tiens. *

---

* On dit que le grand Corneille compoſa cette Romance, dans ſa jeuneſſe, & que s'en étant repenti, il mit l'Imitation de J. C. en vers, croyant par là en faire pénitence.

ÉPIGRAMME.

UN jeune gars de bonne mine,
S'accuſoit à certain Frappart,
D'exploiter en ſecret une ſienne voiſine.
Mon fils, lui dit le Papelard,
Eſt-elle gente? Elle eſt divine,
Lui répondit le Jouvenceau,
Elle a le teint vermeil, le corſage très-beau,
Le cul très-rond, c'eſt un friand morceau,
Oncques ne fut plus attrayante brune.

Ho! le paillard! quelle fortune!
Et son logis du tien est-il fort écarté ?
Sous même toît. Quelle commodité!
Par-dessus tout, ajouta notre drôle,
C'est qu'il ne m'en coûta jamais la moindre obole.
Ah! dit le Moine, quel marché!

AUTRE.

AUx pieds d'un vieil Hermite, un jeune Adolescent,
Le Carême dernier, dit en se confessant,
Que par un accident sinistre,
Dont il avoit bien du regret,
Il avoit trois fois en secret
F . . . la femme d'un Ministre.
Alors le bon Hermite, homme plein de sçavoir,
Dit lors, f. . . . . une femme est un crime bien noir
Quand c'est celle d'un Catholique;
Lorsqu'on s'en dit coupable, à l'instant je frémis;
Mais pour celle d'un Hérétique,
B. . . c'est autant de pris sur l'ennemi.

AUTRE.

LAmartinier aux pieds d'un Capucin
Se confessoit qu'une jeune Nonain,
L'avoit prié de l'amoureuse affaire.

Le fites-vous? Nenni, de par ſaint Pierre
Onc je ne ſuis ſouillé de tels forfaits.
Dieu d'Iſraël! dit le révérend Pere,
Conduis un tel gibier dans mes rets,
Puis tu verras, ſi je n'oſe le faire.

AUTRE.

L'*Eſc.* . . . eſt encor; pucelle,
Car elle n'a juſqu'à préſent
Vécu qu'en manualiſant
Son C.. avec une chandelle.

LES DEUX COUSINES.

LA vertu, l'eſprit & l'eſtime
Peuvent ſeuls triompher de moi.
Je ne ſerai jamais victime
D'un bel homme, fût-il un Roi.
Quoi, Madame! ſi l'Amour même
Vous montroit ſon *Dard* ſéduiſant,
Votre rigueur ſeroit extrême?
Ce trait eſt pourtant bien plaiſant,
Et demande hardiment l'aumône;
Couſine, tu te trompes fort,
Je m'en f... ois eût-il un aune.
Je me tais, nous ſommes d'accord.

ÉPIGRAMME.

Un Cordelier faisoit l'œuvre de chair,
Et s'ébattoit en fêtoyant sa mie,
Son Compagnon lui dit: frere très-cher,
Il faut pourtant aller chanter Complies,
Lors le Frater dit: parbleu je m'oublie,
Sus, haut le cul, dépêchons-nous, Gogo,
Je reviendrai, si Dieu me prête vie,
Dès que j'aurai chanté *Tantum ergo*.

Rousseau.

LE PSEAUTIER.

Du pieux Roi David que les Pseaumes sont beaux!
Ma fille en vous couchant faites-en la lecture,
Éclairez-vous de ces flambeaux,
Votre ame sera toujours pure.
Je vous prête mon grand Pseautier;
Plût à Dieu, ma chere Isabelle,
Que vous le sçussiez tout entier!
Oui, Maman. Voici donc la belle
Qui prend le saint Livre, & le met,
Sans trop grand desir de le lire
Très-promptement sous son chevet.

Or elle attendoit un beau Sire.
Il vint, & les tendres ébats
Agitant draps & couverture,
Le Pseautier descendu plus bas
Se trouve au fort de l'avanture.
Bien plus, car du prudent ami
La relieure toute neuve,
D'un plaisir qui n'est qu'à demi
Reçut une abondante épreuve.

Le matin la Mere arriva,
Et ne vit pas l'Amant sans doute,
Mais son cher volume trouva
Tout maculé, tout en déroute,]
A l'œil, au tact, à l'odorat,
Elle frémit, elle soupçonne.
Mon Pseautier est en bel état!
Parlez-moi, petite friponne?
Je ne sçais pas d'où vient cela,
En faute assurément je ne suis point tombée,
Sinon que j'ai rêvé que David étoit là
Qui me prenoit pour Bethzabée.

Grécourt.

LA RELIGIEUSE DÉLIVRÉE DE SES VŒUX.

PAr un carroſſe, alloit prendre les eaux
La Mere Agnès, jeune Religieuſe;
Probablement le plus grand de ſes maux
N'étoit au fond qu'une fiévre amoureuſe.
Un Capitaine en fut d'abord tenté,
Qui dès le ſoir, après mille careſſes,
La délivra du vœu de *Chaſteté*.
De part & d'autre on ſe fit des promeſſes,
D'être fidéle. Hélas! mon cher Époux,
Je vous promets de n'obéir qu'à vous,
Mon cher Papa, mon cœur, s'écrioit-elle,
Oui, je vous jure une ardeur éternelle.
Le lendemain notre homme déja las
D'être amoureux, dit à ſon camarade
Telle choſe eſt. Je ne manquerai pas,
Repliqua-t'il, de prendre l'accolade.
Le dîner vint, où le galant nouveau,
Expéditif & plein de bienveillance,
L'ayant menée à l'ombre d'un ormeau,
La délivra du vœu d'*Obéiſſance*.
Or du voyage étoit un Financier
Qui juſtement faiſoit le quatrieme:
Ayant trouvé de retour l'Officier,

Il ſçut de lui ce nouveau ſtratagême.
Quoi donc! moi ſeul, n'en aurai pas tâte!
Si vous voulez, dit-il, être des nôtres,
Délivrez-là du vœu de *Pauvreté*,
Vous ferez plus que les deux autres.

Le même.

ÉPIGRAMME.

CErtain Abbé ſe manualiſoit
Tous les matins penſant à ſa voiſine.
Son Confeſſeur l'interrogeant, diſoit :
Vertu de froc ! c'eſt donc beauté divine ?
Ah ! dit l'Abbé, plus gente Chérubine
Ne ſe vit onc, c'eſt miracle d'amour ;
Tetons, Dieu ſçait ! & croupe de Chanoine,
Toujours j'y penſe, & même encore ici
Je fais le cas. Pardieu ſe dit le Moine,
Je le crois bien, car je le fais auſſi.

Rouſſeau.

CONTE.

UN Capucin exploitoit ſœur Colette,
Mal à ſon aiſe, au travers du parloir.
Ah, quel travail ! lui diſoit la Nonette.

Bien mieux au lit ferions un tel devoir.
Ma chere sœur, reprit le Moine noir,
Un tel penser vient de l'esprit immonde,
Dieu ne nous fit pour nos aises avoir
En ce bas lieu comme les gens du monde.

Le même.

AUTRE.

UN Moine à barbe exploitant une Sœur,
Réiteroit souvent ce doux labeur.
Ah! c'est assez, finissons, lui dit-elle,
On sonne au chœur, je vais où Dieu m'appelle.
Eh, quoi! si vîte, encore un pauvre *Ave*,
Encor ma sœur, & puis je me retire.
Qu'un *Ave!* soit. Voyons, je vais le dire,
Ça, faites donc, j'y joindrai le *Salve*.

AUTRE.

TOut en vuidant de bon vin un plein broc,
Un Cordelier, un Carme, un Barnabite,
Parloient des vœux de la gent porte froc,
Vœux qui pesoient au trio cénobite.
Freres, dit l'un, ce vœu de pauvreté
Est bien gênant. Quelle félicité
D'avoir à tas les lingots du Mexique!
L'autre répond, il est bien douloureux

D'être forcé d'obéir sans replique
Aux dures loix d'un Prieur despotique,
Oh! qu'il en coûte & quel sort rigoureux!
Le Cordelier, gars à puissant corsage,
L'interrompant avec vivacité:
Morbleu, dit-il, le vœu de chasteté,
(Las je le sçais) coûte bien davantage.

Dulard.

AUTRE.

PAr les Prélats, disoit une *Laïs*,
Graves Pasteurs & Philosophes rogues,
Les doux plaisirs de l'amour sont proscrits,
Contre le sexe aboyant en vrais dogues,
Ils prêchent haut dans leurs tristes écrits
La continence à tous tant que nous sommes.
De Cytherée ils sappent les Autels,
Et cependant ces austeres mortels
Viennent chez moi comme les autres hommes.

Le même.

AUTRE.

UN jeune gars se confessoit un jour
D'avoir f.... certaine Bachelette.
Son Confesseur l'arrêtant là tout court,

Lui dit: mon fils, combien cette chofette
Avez-vous fait? il eft bon de fçavoir
Le cas entier; & que rien ne s'oublie:
Plus on en dit, & plus le crime eft noir.
Ça la Galante étoit-elle jolie?
Jeune fans doute? elle a quinze ans, au plus,
Lui répondit le pénitent confus:
Pour la beauté c'eft chofe plus qu'humaine,
Son teint, c'eft lys? fa bouche, c'eft corail;
Fermes tetons & cuiffe qu'avec peine
On peut pincer, & je ne pus lui faire
Qu'un coup cela, dont j'ai le cœur dolent.
Un coup fans plus, dit le Révérend Pere,
Vous étiez donc malade, mon enfant!

LE JUBILÉ.

AU Jubilé, comme fage,
Je voulois felon l'ufage,
Faire mes dévotions.
Suivant l'ordre du Saint Pere
Je me dépêchois de faire
Trois ou quatre Stations;
J'allois d'Eglife en Eglife
Quand d'un air tout de franchife
Une Gueufe m'aborda.
A cette attaque imprévue,
D'abord je baiffai la vue,

Mais le Diable me tenta.
Elle me conduit chez elle,
Et je fus de la Donzelle
Paſſablement régalé;
Si bien qu'en cet exercice
Je perdis le Jubilé
Et gagnai la Chaude-piſſe.

LES BONNES RELIGIEUSES.

Jadis logeoit près d'un Couvent femelle
Certain Quidam, friand d'un tel Gibier,
Et chaque nuit il voyoit ſans chandelle
Par l'huis ſecret entrer maint Cordelier.

Si faut-il bien, dit-il, de cette porte
Tâter auſſi. Pour ce mit une nuit
L'habit clauſtral, & parmi la cohorte,
Deſſous le froc fut d'abord introduit.
Or il n'entroit qu'autant de béats Peres
Qu'elles étoient de révérendes Meres;
Fixe en étoit le nombre au rendez-vous:
Chacun trouvoit toujours même monture,
Et là par rang ils ſe pourvoyoient tous.
Advint qu'enfin Pere Bonaventure
Ne trouvant point de gîte, oh qu'eſt ceci?
Dit-il, puis le long de la Sale

S'en va tâtant & trouva tout rempli ;
Tout étoit double ; & d'une ardeur égale,
Tous travailloient en fils de St François.
Alte-là, dit le Moine, en élevant sa voix,
Il est ici du mécompte, mes Peres.
Mais de ce bruit nos Moines peu distraits
Crierent tous, sans quitter leurs affaires,
Allons toujours nous compterons après.

L'EXPERIENCE FAIT LA SCIENCE.

LE jour que Jean se maria
Et qu'il eut dans la nuit fait rage,
Sa femme au matin me pria
Du reste de son pucelage.
Je la f... de grand courage,
Trois fois, savourant ses beaux yeux,
Puis me dit d'un air gracieux :
Ami, ce que je viens de faire
N'est que pour sçavoir quel vaut mieux
Le mariage ou l'adultere.

ÉPIGRAMME.

AU lit de mort une vieille à confesse,
Qui cinquante ans sous Vénus travailla,
A Bourdaloue exageroit sans cesse
Les doux plaisirs dont amour la combla.

Oh, ça, lui dit l'enfant de Loyola,
Songez à Dieu. Je le voudrois, dit-elle,
Mais j'ai toujours un b . . . de v . . là.
Même en mourant qui me f . . . la cervelle.

LES PALES-COULEURS.

Lorsque la Jeanne avoit la pâle maladie,
Elle fut consulter les Oracles divers :
Voir quel remede étoit pour garantir sa vie.
Il lui fut répondu : *Belle fille Mamie*,
Ton remede est écrit à côté de ces vers.

AUTRE.

AVec sa Chévre un Florentin
Fut surpris dans un cas vilain.
D'abord on saisit le coupable
Avec sa chévre misérable,
Brûlé sur l'heure. Ah, mes Seigneurs!
Crioit notre homme tout en pleurs,
Daignez m'écouter, je vous prie,
Je ne l'ai pas fait méchament,
Je voulois faire seulement
Un monstre pour gagner ma vie.

CONTE.

ON fait en Italie un Conte assez plaisant,
Qui vient fort à propos. Un jour un Paysan,
Homme fort entendu, personnage de tête,
Comme on peut aisément juger par sa conquête,
S'en vint trouver le Pape, & voulut le prier
Que les Prêtres du temps, pussent se marier,
Afin, lui disoit-il, que nous puissions nous autres
Leurs femmes exploiter, ainsi qu'ils font les nôtres.

AUTRE.

CErtain Français, habitant de Florence;
Se confessoit du péché de la chair,
A Pere Isaac, qui lui dit: parlez clair,
Le cas est-il de Toscane ou de France:
Expliquez-vous, car le point important,
Peu m'en souvient, dit l'autre en hésitant,
Le tout se fit à l'avanture,
Le Confesseur trouvant la chose obscure,
Cela, dit-il, faisoit-il *ric* ou *rac*.
Ric, répondit le Pénitent sincere.
Parbleu le cas, reprit le Pere Isac,
Est du Toscan, n'en doutez pas, compere.

LE CAPUCIN ET LA ROBE.
CONTE.

LE plus savant Esculape,
Des accidens divers où s'expose Priape,
L'autre jour par un Capucin
Fut choisi pour le Médecin
D'un mal dont il faisoit mistere.

Monsieur, lui disoit ce bon Pere,
Avec un air tout déconfit,
Vous voyez quel est notre habit,
Dur & pesant, sujet à la poussiere.
Plus mortifiant qu'une haire.

Mais nonobstant cet embarras
Et la frugalité de nos maigres repas
Que prescrit une Regle austere,
Un mouvement involontaire
M'a provoqué l'érection,
Et m'a fait, par la friction
D'une laine dure & grossiere,
Cette excoriation,
Dont je ressens douleur amere !
Et que je vous avoue avec confusion.
Le Docteur rebattu de fadaises pareilles,
Ça, dit-il, mon pere voyons :

Vous nous contez ici merveilles;
Mais en telle occasion
J'en crois mes yeux & non pas mes oreilles.

Aussi-tôt le Moine fripon
Troussant son immonde jupon,
Lui fait voir un oiseau qui porte sur sa tête
Les rouges fleurons d'une crête,
Qui ne croissent jamais sur celle d'un chapon.

Ah! par ma foi le tour est drôle,
S'écria l'Esculape, en voyant le poupon.
Pere, qui vous a fait ce don,
Vrai gibier de pharmacopole?
C'est ma robe, dit-il, il n'est que trop certain.
Quittez-là donc, sur ma parole,
Repliqua le railleur avec un ton malin,
Votre robe est une putain
Qui vous donnera la vérole.

L'Ave Maria,

CONTE.

Dans un Couvent deux Nonettes gentilles,
Mais dont l'esprit simple, doux, innocent,
Ne connoissoit que le Tour & les Grilles,
Tenoient un jour propos intéressant

De confidence & d'amitié fort tendre.
Notez qu'aucun ne pouvoit les entendre,
L'huis étoit clos. Fillettes de jaser,
De s'appeller & ma chere & ma bonne,
De se donner saintement un baiser,
D'y revenir sans qu'aucune soupçonne
Que le Malin les induit à ce jeu.
Jesus ma sœur, dit la jeune Sophie,
Qu'on voit en vous les merveilles de Dieu!
Quelle beauté! vous êtes accomplie,
Que ce bouton de rose là me plaît!
J'y vois la main de la Toute-Puissance.
Et vous, mon cœur, reprit la sœur Constance,
Peut-on vous voir, & ne pas l'adorer!
Tout est parfait, tout en vous m'édifie.
Lors le pieux examen sur Sophie
Va son chemin. On admire ceci
Et puis cela; tant que par avanture
En certain lieu que la folle nature
Fit à plaisir, l'examen vint aussi.
Pieux élans obligeamment mystiques
Naissent alors à cet objet frappant.
Ma chere sœur, l'agréable portique!
Le beau dessein! qu'il est simple & piquant!
Chez vous, ma sœur, lui répliqua Sophie,
Mêmes appas, mon ame en est ravie,
Rien de si beau ne s'offrit à mes yeux.

Vous allez rire, il me prend une envie,
C'est de sçavoir un peu qui de nous deux
A plus petit ce chef-d'œuvre des cieux.
C'est vous, ma sœur; non ma sœur, je vous jure.
C'est vous! eh, bien prenons-en la mesure,
Notre Rosaire est tout propre a cela.
On y procéde. Eh, bon Dieu, dit Sophie,
Qui l'auroit cru? vous l'avez, chere amie,
Plus grand que moi d'un *Ave Maria.*

Par Mr. R..... de D.

AUTRE.

LES CANTHARIDES.

Comme souvent tout s'enfile ici-bas!
Des Bernardins pâturoient en lieu gras,
Près de leur clos vivoient des Bernardines.
Peignez-vous bien chaque chose en son rang;
Un bel étang nourrissoit les béguines;
Une *Haye* vive entourroit cet étang;
Sur cette Haye étoient des Cantharides;
Un vent survint qui les jetta dans l'eau;
Dans l'eau nageoient des grenouilles avides,
Par qui l'essain fut croqué bien & beau;
Grenouille après servie au Réfectoire,
De sa substance infecta la Nonain;
D'où s'ensuivit l'esclandre qu'on peut croire,

Un feu ſubtil & rien moins que divin.
Grand carrillon : ſi qu'au bruit du Tocſin
Vinrent, non pas les pompes de la ville,
Mais celles-là du Benoît Bernardin.
Comme ſouvent ici-bas tout s'enfile.

Par Piron.

AUTRE.

LA VEUVE INCONSOLABLE.

Un Carme étoit chez une veuve en pleurs,
Et de ſon mieux ſermonoit la Matrone.
La rhétorique ayant ſemé ſes fleurs,
Le tout ſans fruit, mon Ribaud vous la prône.
A la façon du Soldat de Pétrone,
Une, deux, trois, quatre, cinq & ſix fois ;
Rien n'opéra : donc le moine aux abois
Sort en donnant cette pleureuſe au diable.
Chacun s'enquiert. Eh, bien ! Pere Courtois?
Cette femme eſt, dit-il, inconſolable.

Par le même.

AUTRE.

L'AVOCAT DISTRAIT.

Un Avocat plus diſtrait que Ménalque (*a*),
Sans ſa culotte étoit venu plaider,
Contre un mari qui ne pouvoit bander
Non plus qu'un mort au fond d'un catafalque.
En s'eſcrimant l'Orateur ſe trouſſoit,
Si qu'on voyoit ſon docteur qui pouſſoit
Ad hominem un argument en régle,
Et fiérement levoit ſa tête d'aigle.
Son Concurrent pour le mettre aux abois
Tout de ſon haut cria : Maître Lacroix,
Babillez moins & cachez votre choſe ;
Vous l'avez-là dans un bel appareil !
Lacroix répond : nous perdons notre cauſe
Si ta Partie en produit un pareil.

Par Mr. R... B...

(*a*) De la Bruyere.

AUTRE.

REMEDE CONTRE LA TENTATION.

Quand de la chair le fougeux aiguillon,
Se révoltant, veut forcer ſa priſon,
Que faites-vous, demandoit certain Frere,

A ſon Prieur? je me mets en priere,
Répondit-il. Moi je me jette à l'eau,
Dit un Béat. Moi, dit un Jouvenceau,
Parbleu, Meſſieurs, pour une bagatelle
Je ne ſçai pas chercher tant de façon;
Je vais au but, & pour toute raiſon,
Au malin corps fais ſauter la cervelle.

LA MAITRESSE DE PLAINCHANT.

UNe Abbeſſe inſtruiſoit une jeune Novice
Dans le chant propre à la Communauté,
Sur certain mot latin dans un Pſeaume uſité,
Qu'elle chantoit mal par malice.
Ce mot, à ce qu'un Auteur dit,
Eſt celui-ci: *Conculcavit.*
Entonnez-bien, lui diſoit-elle,
Tenez-moi bien ferme ce *con.*
Hauſſez le *cul*: fort bien la belle,
Un peu plus haut encore: là, c'eſt bon.
Pour le *vit* faites-le bien long.
De cette ſyllabe allongée,
Je connois la meſure à fond:
Pere Blaiſe après le ſermon
Me l'a plus d'une fois montrée.

Par Mlle Anterieu.

LE PREMIER COUP DE VESPRES.

ÉPIGRAMME.

UN Cordelier exploitoit gente None,
Qui paroiſſoit du cas ſe ſoucier ;
Preſto, *preſto*, diſoit le Cordelier,
Haut le gigot, le coup de Vêpres ſonne.
Ne vous troublez, lui répartit la bonne,
Ami, ce n'eſt encor que le premier.

Par Malzac.

LA RAGE D'AMOUR.

A Cupidon la belle & jeune Aminte,
Malgré l'hymen ſacrifioit toujours ;
Son pauvre Epoux étoit en crainte
Qu'elle ne fît de nouvelles amours,
Il ne pouvoit en fermer la paupiere,
Peſtoit, veilloit tant qu'il en expira.
Lui mort, Aminte ayant libre carriere
Se divertit en fille d'Opéra.
Grand bruit en fut ; ſon Curé crut devoir
L'en avertir: Vous vous perdez, Madame,
Changez de vie, ou c'eſt fait de votre ame.
Hélas, Monſieur, je voudrois le pouvoir,
Lui répartit notre fringante veuve,

Mais plaignez-moi : tel eſt mon aſcendant,
De deux jours l'un me faut pratique neuve,
Cela me vient d'un accident fatal,
Ma modeſtie a cauſé tout mon mal.
A quatorze ans d'un chien je fus mordue,
L'avis commun fut qu'on me devoit nue
Plonger en mer. Nue on me dépouilla,
Honteuſe alors de me voir ſans chemiſe,
Incontinent je portai la main-là....
Où vous ſçavez, ſans jamais lâcher priſe;
On me replonge : or qu'eſt-il arrivé ?
Mon corps alors, ô pudeur trop funeſte !
Par tout ailleurs du mal fut préſervé,
Hors cet endroit, où la rage me reſte.

MÉPRIS DES VOLUPTÉS.

SOurce délicieuſe, en miſeres féconde,
Que voulez-vous de moi, flâteuſes voluptés?
Honteux attachemens de la chair & du monde,
Que ne me quittez-vous quand je vous ai quittés?
Allez, honneurs, plaiſirs qui me livrez la guerre;
Toute votre félicité
Sujette à l'inſtabilité
En moins de rien tombe par terre;
Et comme elle a l'éclat du verre,
Elle en a la fragilité.

Ainſi n'eſpérez pas qu'après vous je ſoupire;
Vous étalez en vain vos charmes impuiſſans;
Vous me montrez en vain par tout ce vaſte Empire,
Les ennemis de Dieu pompeux & floriſſans.
Il étale à ſon tour des revers équitables,
Par qui les grands ſont confondus;
Et les glaives qu'il tient pendus
Sur les plus fortunés coupables,
Sont d'autant plus inévitables,
Que leurs coups ſont moins attendus.

P. Corneille.

FIN.

www.ingramcontent.com/pod-product-compliance
Ingram Content Group UK Ltd.
Pitfield, Milton Keynes, MK11 3LW, UK
UKHW021101260726
13994UKWH00002B/641

9 782329 361680